Las Tres Caras del Amor

EDITORIAL BETANIA

Versión castellana:
Virginia A. Powell de Lobo

Publicado originalmente en inglés con el título de
GIVERS, TAKERS, AND OTHER KINDS OF LOVERS

Publicado por
Tyndale House Publishers, Inc.
Wheaton, Illinois 60187

ISBN 0-88113-289-6

DEDICATORIA

A Jim y Vivian Simpson
quienes han gozado y compartido
el secreto de amar
durante treinta y ocho años

INDICE

1

¿Qué clase de amor desea usted?

Un amor rico . . . vigoroso . . . perdurable y satisfactorio. Usted lo desea. Yo lo deseo. Sin él, nuestras vidas son, en el mejor de los casos, incompletas; en el peor, desesperadas. El ansia de dar y recibir amor firme y permanente late en el corazón de todos nosotros.

Un antiguo apóstol judío describió ese amor que anhelamos, cuando dijo:

El amor es paciente, es benigno;
el amor no es celoso ni envidioso;
el amor no es presumido ni orgulloso;
no es arrogante ni egoísta ni grosero;
no trata de salirse siempre con la suya;
no es irritable ni quisquilloso;
no guarda rencor;
no le gustan las injusticias
y se regocija cuando triunfa la verdad.
El que ama es fiel a ese amor cuéstele lo que le cueste;
siempre confía en la persona amada,
espera de ella lo mejor y la defiende con firmeza
(1 Corintios 13:4-7, versión Lo más importante es el amor).

Y después de dos mil años de amar, nadie ha superado a este amor. Sigue siendo el amor que todos buscamos.

Esta búsqueda del amor ha producido más angustias y sufrimientos que todas las enfermedades y las guerras de la historia. No hay límite a lo que usted o yo haríamos para expresar verdadero amor . . . y por sentirlo nosotros mismos. No podemos vivir *sin* ese amor.

Desafortunadamente, tampoco parece que podemos vivir *con* él. Al menos, no con la clase de amor que hasta ahora hemos experimentado. La idea predominante es que el amor viene envuelto en actividad sexual. Y efectivamente, ésta parece ser el complemento ideal —la puerta para un amor sincero y satisfactorio. ¿Qué mejores asociados o compañeros que el amor y el sexo? Tanto el sexo como el amor avivan las maravillosas pasiones que están en lo profundo de nuestro ser.

¿Es el sexo el secreto?

Los amantes vienen en una variedad increíblemente amplia de combinaciones. ¿Y por qué no? Para algunos es un intrincado y desafiante juego de estrategias, y están muy ocupados aprendiendo todas las reglas. Hay quienes llegan a ser muy buenos jugadores. Otros todavía andan buscando el punto de partida. ¿Y usted? Seguro que está en algún punto entre ambos extremos.

Hace algunos años conocí a Paul Lewis, cuando salíamos con hermanas mellizas. Nuestra amistad ha sido profunda y perdurable. Y en la época en que nos conocimos, también comenzó a ocurrir otra cosa. Ambos empezamos a reconocer y entender de qué se trata el verdadero amor. Aquellas hermanas, y sus padres, nos dieron el ejemplo de un amor que cualquiera envidiaría. Es por eso que este libro está dedicado a Mamá y Papá Simpson.

Con el tiempo, Paul se casó con una de aquellas hermanas, Leslie. Y once años de matrimonio han profundizado su comprensión de cómo mantener y alimentar el verdadero amor. Es por eso que le pedí a Paul que escribiera este libro conmigo.

Más tarde, Dottie, mi mejor amiga y también mi novia, se convirtió en mi esposa. Y por nueve años hemos disfrutado de un amor igualmente creativo y hermoso.

Este libro se titula *Las tres caras del amor*, por una razón particular. Las personas tratan por muchos medios de descubrir ese amor rico, fuerte y que no deja de crecer. Muchas veces se nos convence que el secreto es liberarse de las restricciones puritanas del pasado. Bueno, me alegra anunciar que todos hemos sido liberados desde hace mucho tiempo. Incluso, el recuerdo de esos días represivos ya se ha evaporado.

Pero, recibo cartas de todo el país, tanto de jóvenes como de adultos casados, que indican que ese amor dinámico es algo de lo que todavía carecen. Su ansia sigue insatisfecha. Tal vez a usted le sucede lo mismo.

¿No debiéramos preguntarnos por qué? ¿Por qué, en medio de una libertad de expresión sexual ilimitada de la que hace tanto tiempo disfrutamos, seguimos tan insatisfechos como siempre? ¿Por qué es que algo tan natural y bello como el sexo está produciendo relaciones tan pobres?

¿Qué anda mal? ¿Es el sexo el secreto del amor?

2

¿Qué pasó con la libertad sexual?

Hace dos años la revista *Time* imprimió un dibujo cómico para ilustrar un artículo sobre "La nueva moralidad". El dibujo mostraba a dos estudiantes universitarias obviamente envueltas en una conversación, mientras caminaban por el parque. Una de ellas le decía a la otra: "Para ser sincera, hubiera querido nacer antes de que existiera el sexo".

Aunque es un comentario extremo, hay momentos cuando todos nos sentimos así. Nos vemos bombardeados con un exceso de información sexual. De sol a sol nos azotan las ráfagas de imágenes y palabras, algunas sutiles, otras descaradas. En cualquier revista que llega a nuestros hogares encontraremos un artículo sobre las relaciones sexuales. En una publicación podemos leer sobre "Los placeres de la libertad sexual" junto a "Los problemas de la libertad sexual". En otra, una sicóloga encara "La soledad sexual del hombre". Y, por si eso no lo conmueve, en el próximo número habrá un sicólogo masculino que hablará a las mujeres sobre "La autoconfianza y el atractivo sexual". Podemos leer sobre "¿Qué importancia tienen las relaciones sexuales en el matrimonio?", o "Cómo obtener más de las relaciones sexuales". Solteros, casados, jóvenes o ancianos, ¡el sexo es para nosotros!

Y la televisión y el cine insisten en el mismo mensaje. Ya sean los programas en auge, propagandas de automóviles basadas en la sexualidad, o lociones románticas para después de afeitarse ("Estimula algo más que su rostro"), el mensaje es claro: la libertad sexual.

Tanto escritores como lectores, productores y expectadores; todos están interesados en la libertad sexual, la satisfacción sexual, el placer sexual, los temores sexuales y los gustos sexuales. *Masters y Johnson*, quienes llegaron a ser las autoridades en problemas familiares, tienen una organización dedicada exclusivamente a la investigación sexual. Y otros investigadores con métodos menos científicos y conclusiones más sensuales inundan el mercado con libros que describen lo último en técnicas para el "amor" y posiciones del cuerpo.

Pero, las discusiones sobre el sexo no quedan limitadas a la prensa o las pantallas del cine y la televisión. En cualquier lugar donde se reúna gente, se habla de sexo: en los hogares, en los recintos universitarios, en las habitaciones de hotel y en los automóviles. Y a pesar de todas las preguntas y comentarios, las "respuestas" casi siempre son inciertas y dudosas.

¿Es la actuación sexual la única cuestión?

Con toda esa investigación y énfasis en el sexo, las estadísticas han tenido para divertirse. La Oficina de Censos nos informa que en los Estados Unidos actualmente hay más de un millón de parejas no casadas que viven como si lo estuvieran —un incremento del 600 por ciento en la última década. Los encuestadores han descubierto que más que nunca hay más personas que tienen relaciones sexuales fuera del matrimonio, y que cada vez lo hacen a una edad menor. Lo que hace veinte años era un sencillo beso de buenas noches, ahora se ha convertido en una noche de revelación total. Todas estas conversaciones, libertad y experimentación han puesto a los jóvenes bajo la presión de tener que actuar.

Para algunos la conciencia sexual incrementada ha sido liberadora, para otros ha sido abiertamente devastadora.

¿Es feliz la mujer sexualmente liberada?

Pero, ¿qué ocurre con esa perspectiva? ¿Realmente produce felicidad y satisfacción? Las relaciones sexuales como un "juego" y un "asunto divertido", ¿generan un sentimiento de valor personal? El tener muchos hombres, ¿soluciona la realidad de la soledad? ¿Ocupa el lugar de una relación permanente y firme?

De acuerdo a las investigaciones, la respuesta es no. Theodore I. Rubin, doctor en medicina, dice:

> Las mujeres a menudo se involucran en actividades sexuales por motivos no sexuales. Si las personas se involucran libremente en actividad sexual cuando no están preparadas para ello, antes de que tengan suficiente autoaceptación para poder decidir si lo quieren hacer con una persona en particular o sencillamente porque se les ha inculcado que está bien, ello puede aparejarles un aumento del propio rechazo.

Sentimientos de ira, de culpa y de ser usado, unidos al autorrechazo, ¿son ésas las consecuencias de la liberación? Rubin no es el único que está levantando señales de advertencia. La sicóloga Lonnie Garfield Barbach, autora de *For Yourself: The Fulfillment of Female Sexuality* (Para usted: la satisfacción de la sexualidad femenina) admite que probablemente la presión sea mayor para las mujeres jóvenes. Muchas de las pacientes de la doctora Barbach piensan que todo el mundo tiene que ser "libre, casual, sensual, multiorgásmico, y carecer de inhibiciones sexuales". Cuando no pueden lograr esas expectativas, se muestran "tremendamente duras consigo mismas". Dice: "Estas mujeres entre los veinte y los treinta años se ven desgarradas entre los mensajes algo conservadores que sus padres les susurran y la filosofía de la revolución sexual".

Los hombres en la trampa sexual

No sólo las mujeres sufren. La doctora Karen Shanor, una sicóloga que estudió la sexualidad masculina durante dos años y publicó sus descubrimientos en *The Shanor Study*, dice: "Al igual que la mujer norteamericana, el hombre norteamericano está actualmente reexaminando su imagen tradicional [la cual es, según ella, la del hombre conocido por su vida sexual muy activa], y descubriendo que limita severamente su potencial como ser humano". Más de la mitad de los hombres que Shanor examinó admitieron lo siguiente:

> . . . que lejos de pasarla bien se sentían insatisfechos con su vida sexual. ¿Por qué? Hubo muchos motivos, pero puedo resumir que con demasiada frecuencia los hombres norteamericanos se ven atrapados en tierra de nadie entre el mito que ya no es real (si es que alguna vez lo fue) y el sueño que aún no se ha hecho realidad, el sueño de una amorosa intimidad que nunca se logra en un encuentro de una noche. En un sentido, los hombres están en un viaje desde un lugar desagradable a otro mejor, pero no han alcanzado todavía su meta, y se están haciendo cada vez más conscientes de la soledad del camino.

La popular sicóloga, la doctora Joyce Brothers, comentó acerca de este peregrinaje sexual en la revista

Time en un artículo sobre "La nueva moralidad". Ella dijo:

> No somos personas tan liberadas y despreocupadas como creemos. La gente ha descubierto que las relaciones sexuales pasajeras son tan satisfactorias como un estornudo. Lleva mucho tiempo e implica muchas dificultades el tener relaciones sexuales con muchas personas, y todas terminan descubriendo que ni siquiera vale la pena tomarse el trabajo de planearlo.

Bárbara Seaman, autora de *Free and Female* (La mujer liberada), es más descriptiva todavía.

> La reacción se ha vuelto en contra de la actividad sexual casual, porque muchas personas han sido heridas. Es como si un tren nos hubiera estado alejando gradualmente de la moralidad victoriana, pero que luego, repentinamente, en las décadas de los sesenta y los setenta, el tren se hubiera descarrilado y muchos pasajeros resultaron heridos. Recién ahora se le están arreglando los frenos.

Evaluando el asunto después del hecho

Una persona que se descarriló pero que no resultó herida de gravedad (según su propio diagnóstico) fue Gretchen Kurz. Como estudiante de la Universidad San José State, Gretchen habló con mucha franqueza en el número de agosto de 1977 de la revista *Mademoiselle*. Ella dice que entró a la Universidad lista para la "vida decadente":

> Allí estaba yo, bien equipada con mi lápiz número dos, la tarjeta para los beneficios estudiantiles y una buena cantidad de anticonceptivos. Pero de alguna manera, perdí el tren en el viaje de placer hacia la actividad sexual despreocupada y libre de culpa. En realidad, ahora pienso que todo es un mito perpetuado por muchos estudiantes desilusionados demasiado temerosos de decir la verdad. Pero, ¿cómo se puede admitir que es toda una tontería, después que no

se podía esperar para salir a romper con todas las reglas?

Gretchen nunca dudó que cuando llegara a la Universidad de San José "compartiría el sexo". Pero dice:

> Para no decir más, ese "compartir" era un nombre totalmente inadecuado. Mi primer encuentro con el señor "*La-variedad-es-el-sabor-de-la-vida*" me dejó totalmente confundida por numerosas razones. ¿Me voy ahora, o paso toda la noche? ¿Qué diré en la mañana? ¿Está bien que le pida prestada su salida de baño? ¿Habré estado bien? Por lo menos la verdad es que él no. ¿Querrá decir esto que hemos comenzado algo más o menos permanente?

Descubrió que no era así. Y continúa diciendo:

> Decir que me sentía agobiada por la culpa sería una mentira, pero la experiencia estaba lejos de ser eufórica. La descripción más positiva que podría usar para nombrar al intercambio sería "aburrido, monótono". Carecía de emoción, o quizás todo rastro de emoción estaba hábilmente disfrazado con una indiferencia de primera clase. Pronto descubrí que este trato frío y sin apego alguno sería característico de todos los futuros encuentros. Esta falta de emoción no sólo me desconcertó, sino que me enfureció. Quería saber por qué ocurría y por qué era un instrumento eficaz en la liberación sexual de mis amigos de la Universidad. Obviamente era una base demasiado ordinaria, común para una vida sexual activa . . .

Molesta, Gretchen comenzó a preguntarles a los muchos hombres de su vida por qué se daba esa fingida falta de emoción. ¿Cómo encaraban las relaciones sexuales? Sus respuestas eran similares. Las relaciones sexuales son "juego y diversión" . . . "una reacción natural" . . . "adultos que consienten en pasar un buen momento". "Palabras como amor, compartir y feliz, nunca entraban en la conversación".

Decidió volver a su "estilo de vida célibe pero feliz", y poco después de haber tomado esa decisión habló con un amigo íntimo que le ventiló sus quejas acerca del círculo sexual libre y fácil de la Universidad. Al describir lo que pensaba que era el sentimiento de la mayoría de sus compañeros, dijo:

> La mayoría de las veces que me encontré en la cama con alguna muchacha, deseé nunca haber llegado tan lejos. Después de llegar al punto en que sabía que terminaría pasando la noche con ella, todo iba cuesta abajo. Simplemente, hacía lo que se esperaba de mí. Hubo oportunidades en que todo lo que deseaba era apurar el asunto y terminar. Finalmente, dejé de andar haciendo desastres cuando comprendí que el acto sexual no tiene sentido a menos que haya verdadero amor y confianza de por medio. Sin eso, sencillamente no vale la pena el esfuerzo.

Gretchen terminó su artículo con las siguientes palabras:

> Ahora, con todo este hablar sobre la libertad sexual, resulta un poco difícil ponerse de pie y admitir que no es lo que todos imaginan, especialmente frente a un mundo ansioso que se niega a dejar que el asunto acabe. En consecuencia, aquí estamos, mudos, y demasiado avergonzados para decir que no hemos encontrado la libertad sexual. No lo podemos admitir al mundo, y peor aún, tampoco nos lo podemos admitir a nosotros mismos. Tal vez todos deberíamos comenzar a poner las cosas donde van, diciendo que sin amor y confianza, "sencillamente no vale la pena el esfuerzo".

Y de aquí, ¿qué lado tomamos?

Interesante, ¿verdad? En medio de todo lo que se habla y se practica la liberación sexual y la satisfacción, aquí, en medio mismo de la revolución sexual, encontramos muchas víctimas, y frases como "un tren que se ha descarrilado", "tan satisfactorio como un estornudo", "tan poco emocionante como un lápiz número dos". ¿Podrá ser eso el acto sexual, esa experiencia gloriosa, orgásmica, que las masas adoran? Algo tiene que haber salido mal. ¿Habrá algo más en lo máximo del sexo que un juego divertido, "un asunto entretenido", una sucesión de amantes y experiencias de una sola noche, o matrimonios amargados?

Tal vez el amor y la confianza son importantes. Pero, ¿en base a qué? ¿Y dónde encaja el sexo? Tal vez el sexo no sea el secreto del amor.

Afortunadamente, hay una respuesta, y es completa y realista, a la vez que positiva y feliz. Es hora de considerar el principio.

3

¿Quién inventó las relaciones sexuales?

Ya desde hace un tiempo la Administración Federal de Drogas de los Estados Unidos ha dispuesto que todos los productos de consumo lleven una etiqueta que enumere los ingredientes que contienen. ¿No sería bueno que las relaciones sexuales portaran una etiqueta así, si hubiera un manual del fabricante que explicara cómo funcionan y cómo podemos obtener el mejor resultado de ellas?

¡Buenas noticias! Existe tal manual. Pero no lo encontramos entre los montones de volúmenes dedicados a técnicas sexuales que se amontonan en los estantes de la librería local. La información más amplia sobre la sexualidad y el amor que jamás se haya impreso se originó hace 3.500 años, con un hombre llamado Moisés. Escribiendo por mandato divino de parte del propio "Fabricante", asentó la palabra autorizada sobre los orígenes y funciones del sexo. Su libro se llama el Génesis.

En los dos primeros capítulos, él describe los procesos de la creación. Y en la cumbre de ese proceso, escribe: "Y creó Dios al hombre a su imagen, a imagen de Dios lo creó; varón y hembra los creó". Y ahí está: La sexualidad ha sido una parte fundamental del hombre desde el comienzo, creada por Dios el Creador para el hombre. No se puede ser humano sin ser hombre o mujer.

Un poco más adelante, en el capítulo dos, vemos en la forma única en que el hombre y la mujer fueron hechos el uno para el otro. Después de calificar al resto de sus actos creativos como "buenos", Dios dijo que "no era bueno" que el hombre estuviera solo. Y eso es algo sorprendente. Si hubo alguien que tuvo un medio ambiente perfecto, ése fue el primer hombre, el último ejemplo de la creatividad de Dios, puesto en el clima perfecto de Dios, caminando con Dios mismo en la frescura de la tarde, dotado de suficiente creatividad para pensar los nombres de todos los animales que Dios había creado. Pero faltaba algo. Ese hombre estaba solo. Tenía el "impulso interior a unirse". Y ninguna medida de perfección podría apagarlo.

El complemento perfecto

De manera que Moisés nos dice que Dios hizo dormir a Adán y formó una mujer de una de sus costillas. Y para Adán tampoco fue una cuestión secundaria. En el versículo 23, Adán se despierta, ve a la mujer, y dice: "Esto es ahora hueso de mis huesos y carne de mi carne". Una traducción más moderna del hebreo sería un incontenible: "¡Ehhhh . . .! ¿Dónde habías estado todo este tiempo?"

El hombre y la mujer fueron creados por Dios de manera que están incompletos el uno sin el otro. Por eso Moisés dijo: ". . . dejará el hombre a su padre y a su madre, y se unirá a su mujer, y *serán una sola carne*". Al investigar sobre el secreto de la sexualidad, hay que aferrarse a esa frase. La expresión sexual es una de las formas claves en que el hombre y la mujer llegan a ser "una sola carne".

Pero, ¿qué es aquello tan particular de una mujer que la hace tan indispensable para el hombre? Hay dos ideas en la frase que usó Moisés: "ayuda" e "idónea". La idea es que la mujer es la compañera fundamental y perfecta para el hombre, la compañía destinada a proveer para su plenitud, y para la suya propia también. Ese completamiento básico fue creado para satisfacer las ansias individuales de tal modo que cuando un hombre y una mujer se unen, tienen la capacidad de satisfacer las necesidades sicológicas y emocionales básicas el uno del otro, para permitir que cada uno llegue a ser verdaderamente humano de acuerdo al plan original de Dios.

Una prueba de verdadero amor

Si usted duda de que la persona con la que sale, o el hombre o la mujer de quien está enamorado, es la persona adecuada para usted, pregúntese: "¿Tengo el deseo y la capacidad de satisfacer sus verdaderas necesidades? Esa persona, ¿es capaz de algo más que satisfacer mi necesidad sexual, o criar mis hijos, o traer a casa el salario? ¿Parecemos hechos en forma única para complementarnos mutuamente?" Cuando salimos con alguien, no debiéramos buscar alguien con quien *se pueda vivir* simplemente, más bien debiéramos buscar la persona *sin la cual no podamos vivir*.

En el primer capítulo de este libro, mencioné que Paul Lewis y yo nos conocimos cuando salíamos con hermanas mellizas. Yo salí con Paula durante más de dos años mientras asistía a la universidad. A medida que creció nuestra amistad, nos convertimos en los mejores amigos. Disfrutamos tanto de estar juntos, que el enamorarnos fue algo inevitable. Paula era una ayuda tremenda para mí. Me apoyaba en los estudios; me ayudaba en mi ministerio, compartía mis sueños, y yo los de ella. Tenía un maravilloso sentido del humor, era atractiva, era todo lo que yo siempre había esperado que fuera mi esposa. Pero a medida que continuó la relación y comenzamos a hablar de matrimonio, ambos comenzamos a alojar dudas en nuestra mente. Faltaba la paz perfecta que Dios provee cuando las cosas están bien. Finalmente, se puso de manifiesto claramente que no debíamos casarnos. El romper esa relación fue una de las cosas más dolorosas de mi vida. Pero por más perfecta que fuera la relación, Paula no llenaba todos los espacios vacíos de mi vida como lo hace ahora Dottie, mi esposa. Dottie es el complemento perfecto de Dios para mí. Paula no lo era.

Es interesante que Paul tuvo una experiencia similar durante la época en que estudió en la universidad. Salió con Carolina durante casi cuatro años. Todo el mundo suponía que se casarían. Era una pareja formidable. Compartían los mismos intereses, trabajaban juntos en la dirección estudiantil, y tenían las mismas metas. Su relación era feliz y positiva. Pero, cuando llegó el momento de tomar una decisión final de compromiso matrimonial, algo no andaba bien. Paul no sentía la paz de Dios. Carolina no llenaba todos los vacíos personales en su vida en la forma que ahora lo hace Leslie. Y no me refiero a la sexualidad. Hablo de la forma en que las personalidades, los dones, las necesidades intelectuales y las emocionales buscan lograr una relación total de veinticuatro horas al día.

La relación de "una sola carne"

Cuando Moisés dijo: "Dejará el hombre a su padre y a su madre, y se unirá a su mujer, y serán una sola carne", usó las palabras hebreas más fuertes posibles para describir ese "dejar" y ese "unirse". Al dejar, la idea era abandonar y renunciar la intimidad de una relación padre-hijo, y reemplazarla con la intimidad de la relación esposo-esposa. Esta unión tendría que ser tan inseparable como lo fuera la unión padre-hijo. ¿Alguna vez ha pensado lo imposible que sería no "haber nacido" de sus padres naturales? Ese es el concepto que hay detrás de la palabra hebrea "unirse": una soldadura a prueba de separación. Y la evidencia de esa unión, un recordatorio continuo, sería la relación sexual, en que el hombre y la mujer se convierten en "una sola carne".

Jesús reafirmó esto 1.500 años después en un debate con las autoridades religiosas judías. Lo estaban probando sobre el tema del divorcio. Estaban sondeando las bases legales en que un hombre podía dejar a su mujer. Y Jesús, conociendo sus intenciones, dijo: "¿No habéis leído . . . los dos serán una sola carne? Así que ya no son más dos, sino una sola carne; por tanto, lo que Dios juntó, no lo separe el hombre".

Un poco más adelante, el apóstol Pablo reforzó el mismo principio. Estaba escribiéndoles una carta a los cristianos de la iglesia de Corinto. Estaba molesto por lo que estaban haciendo algunos de los diáconos y ancianos. Corinto era una ciudad llena de templos paganos. En efecto, sus cultos de adoración probablemente la hacían una de las ciudades más "religiosas" del mundo. En esos templos, constituía un acto de adoración el tener relaciones sexuales con las prostitutas del templo.

Pablo estaba disgustado porque algunos de los cristianos estaban volviendo a sus viejas costumbres y partían al templo los miércoles por la noche para "adorar". Y, no era precisamente para tener una reunión de oración.

Pablo les escribió diciendo: "¿O no sabéis que el que se une con una ramera, es un cuerpo con ella? Porque [Moisés] dice: Los dos serán una sola carne". Se convierten en una unidad de la misma manera que la fe en Cristo produce un lazo de unión entre el Espíritu de Dios y el del hombre. En efecto, Dios usa muchas veces la relación matrimonial como una analogía para describir la unión que tiene él con los creyentes.

¿Cuál es el propósito verdadero del sexo?

Entonces, ¿qué había en la mente de Dios, el "Fabricante", el que inventó la sexualidad, el que creó los órganos sexuales masculinos y femeninos, cuando creó los impulsos y pasiones que conducen a la unión sexual? En la mente de este Creador del sexo, el propósito básico era crear unidad. La relación sexual está destinada a ser una demostración de la unión entre un hombre y una mujer.

"Un momento", me dice usted, "pensé que la Biblia enseñaba que el propósito principal del sexo era la procreación, tener hijos".

¿No es así? ¡No! Ese es el mito que los mal informados críticos del cristianismo han propagado para servir a sus propios intereses. La procreación no es la razón primaria del sexo. Es una razón secundaria y muy importante, pero no es la razón principal por la que Dios creó la sexualidad.

La razón principal es el factor de unidad. Es para dar a un hombre y a una mujer la condición de "una sola carne", una experiencia en la esfera física que ilustra la intensidad de la relación espiritual que un hombre o una mujer tienen con Dios, cuando él o ella han nacido de nuevo en Cristo Jesús.

Esta unidad en la relación sexual provee a un hombre y a una mujer el gozo más perdurable y la máxima plenitud que pueden llegar a conocer. Es por eso que el acto sexual en el momento oportuno, con la persona adecuada, en la relación correcta, ¡es tan increíblemente perfecto! Y es por eso que el abuso de las relaciones sexuales al final produce tal desilusión.

El mensaje equivocado

Muchas personas han entendido mal el mensaje acerca de las relaciones sexuales. Nunca lo han escuchado a causa de las caricaturas erróneas que se han pintado acerca de la visión cristiana del sexo. La filosofía de la revista *Playboy*, entre muchas otras voces, ha conducido a millones de personas a creer que Dios está en contra de las relaciones sexuales, y que la Biblia rechaza el placer y la satisfacción sexuales. Han llegado a la conclusión de que para ser un creyente verdadero, hay que negar y reprimir los impulsos sexuales.

Nada podría estar más lejos de la verdad. En realidad, algunas de las palabras más hermosas que jamás se hayan escrito sobre el amor entre un hombre y una mujer se encuentran en la Biblia, en el Cantar de los Cantares de Salomón. La poesía sobre dos que se aman, totalmente entregados a satisfacerse mutuamente; ¡una increíble poesía de galanteo amoroso!

Dios no está *en contra* de la sexualidad. Está tan *a favor* que quiere que todo hombre y mujer comprendan cómo obtener lo mejor de ella. Quiere que comprendan que no es un juego ocasional, sino que es un placer fundamental que debe protegerse cuidadosamente, no importa lo gratificante que pueda parecer "el echar una cana al aire".

Claro, se han dicho muchas cosas estúpidas acerca del sexo en nombre del cristianismo. Y cuando se juntan esas imágenes erradas, se puede crear una caricatura muy lamentable, que es falsa. Tal vez ésa parezca ser la "visión cristiana del sexo", pero ni siquiera se le aproxima. Y cuando se destruye esa falsedad, como lo ha hecho la filosofía de la revista *Playboy*, en realidad no se ha destruido nada. Los hechos son que la sexualidad viene de Dios, él la creó para satisfacer y llenar los hondos impulsos que él mismo puso en cada hombre y mujer, y nada podrá jamás cambiar estos hechos.

Cuando nos detengamos por un tiempo suficientemente largo en nuestra búsqueda de la expresión sexual máxima, empezaremos a comprender lo estúpido que es tratar de escribir nuestro propio "manual de dueño". Sólo el Creador original sabe realmente cómo hacer que la experiencia sexual sea la expresión definitivamente satisfactoria que queremos que sea. Cuando finalmente aceptemos esta verdad, encontraremos aquello que hemos estado buscando. Descubriremos el secreto.

La relación sexual es más que un impulso físico

Muchas personas me dicen: "Vamos, Josh, el sexo es solamente un acto físico. El tener relaciones sexuales es algo meramente físico, la simple satisfacción de un impulso biológico". Bueno, quiero decirle que eso puede ser cierto para el gato de su barrio. Pero por la forma en que Dios le hizo, la relación sexual para usted y para mí implica todo lo que somos. Es un compartir total de nosotros mismos, una vulnerabilidad total, una entrega total sin retener nada. Así es una relación espiritual total con Dios. Y la relación sexual, que se ha descrito como una imagen de esa relación espiritual, es también así. No importa lo placentero que sea, cualquier cosa que no alcance este compartir total, no es la experiencia sexual máxima que Dios creó para usted y para mí.

Estaba hablando sobre este tema en Daytona Beach, Florida, durante la Semana Santa. Cada vez que hablo sobre este tema, generalmente ofendo a algunas personas —supongo que es porque les toco un punto débil. En el caso de esa noche, realmente escandalicé a un individuo. Se puso como loco. Vino a mi habitación en el hotel, golpeó a la puerta, y cuando abrí, entró y comenzó diciendo:

—No estoy de acuerdo con algunas de las cosas que dijo esta noche.

—Está bien, no me molesta —le dije.

—Bueno, pero quiero hablar sobre eso —contestó.

—Yo también.

—¿Qué tiene de malo tener una relación física seria con alguna muchacha?

(Ustedes, las mujeres, conocen bien esa frase "una relación duradera y seria". Una mujer me dijo: "Sí, tuve cuatro de ellas el mes pasado".)

Bueno, este individuo dijo:

—¿Qué hay de malo en una relación duradera y seria con una muchacha si uno la quiere, si no se le hace daño a nadie, y si sólo se intenta disfrutar el uno del otro? Yo he tenido relaciones sexuales con veintiséis mujeres.

—Bueno, ¡qué capacidad para amar! Dime, Dave, cuando te cases, ¿quieres casarte con una mujer que ha sido una de las veintiséis compañera de relaciones de otro individuo? —le pregunté.

—No —dijo.

—Dave —dije entonces—, no eres otra cosa que un hipócrita. Eso es lo que es para ti la relación sexual seria o con significado. No quieres que alguien se lleve de la mujer con quien te cases lo mismo que tú les estás quitando a esas otras mujeres.

Como se puede ver, a la mayoría de los individuos no les agradan los muebles usados, pero les gusta estar en el negocio de las antigüedades.

¿Es la relación sexual la prueba del amor?

La relación sexual como fue creada por Dios, tiene

mucho significado. No es algo que se "tiene" o se "hace" o se "consigue". La expresión sexual crece y se desarrolla como resultado de la unión permanente, continua y en creciente maduración entre un hombre y una mujer. Es la evidencia del máximo de unidad posible que Dios creó para expresar.

Algunas personas usan esa idea como argumento para las actividades sexuales premaritales. Dicen: "Tenemos que tener relaciones sexuales premaritales para ver si somos compatibles". Bueno, tengan por seguro que tendrán que tener muchas relaciones sexuales en esas condiciones, porque la cuestión de la compatibilidad no es física. La relación física casi siempre anda bien. El problema de la compatibilidad es el problema de la unidad definitiva —el complementarse mutuamente en una forma que lleva a llegar a ser una persona plena y que se da de sí misma. Y eso implica la totalidad de quien usted es, la dimensión espiritual (sensible a Dios), emocional (sensible al hombre) y física. En los planes de Dios, cuanto más unidad espiritual y emocional tiene una pareja, mejor será su vida sexual al ir madurando y desarrollándose con el tiempo.

En una universidad de los Estados Unidos hay un profesor cristiano de ochenta y cuatro años. Un día, en una clase de sociología, un alumno le preguntó:

—Dígame, profesor, ¿cuándo se deja de disfrutar del sexo?

—No lo sé, pero debe ser en algún momento después de los ochenta y cuatro años —contestó.

Y así es como fue creado para que fuera. La relación sexual debe ir siempre creciendo, madurando, desarrollándose en la máxima unidad y la unión definitiva.

Esta clase de unidad, gozo y unión nunca se puede lograr en una "relación de una sola noche". En realidad, puede crecer sólo dentro de un compromiso matrimonial que sea definitivo y permanente.

La sexualidad se originó en el acto creativo de Dios que puso al hombre sobre la faz de la tierra. Puede elegir no creerlo. En lugar de ello puede decidir que la sexualidad humana es simplemente una función biológica, no diferente de la atracción sexual entre dos perros que corren libres por el parque. Puede experimentar y jugar todos los juegos mentales y sociales que quiera. Pero cualquier otra combinación o función para la sexualidad, fuera de la que Dios tuvo en mente, está condenada a no alcanzar la plenitud de la necesidad de correspondencia y el anhelo sexual que Dios puso en usted. La relación sexual es como cualquier otro proceso, sólo tiene éxito cuando se siguen las instrucciones del fabricante.

Y, a pesar de todo su aparente poder permanente y atractivo duradero, la relación sexual es algo frágil. Lleva tiempo y necesita seguridad. En realidad, sólo florece cuando se la disfruta en el contexto de un amor sincero e incondicional. En efecto, nunca descubrirá la verdadera relación sexual hasta que haya aprendido a dar y recibir el verdadero amor.

Con frecuencia se dice que si se ama a alguien, se le expresará en forma sexual. Pero la verdad es que, si no se puede expresar el amor fuera de la relación sexual, no es verdadero amor. De modo que examinemos ese verdadero amor. ¿Cómo es?

4

¿Cómo es el verdadero amor?

Si me dieran sólo doce minutos para hablar en una clase de sicología sobre la máxima expresión de la sexualidad, hablaría del amor. Porque lo que se decida que es el amor, las actitudes que se tengan hacia él, la forma en que se lo exprese, y cómo se responda a todos los juegos sicológicos que se juegan en nuestra sociedad en nombre del amor, determinará si se encontrará alguna vez la plenitud sexual anhelada. Lo que mi esposa y yo disfrutamos en nuestro matrimonio, creo, es el resultado de lo que ambos preparamos durante nuestra vida de solteros.

Hace algunos años, muchas personas me llamaban mojigato. Pensaban que era un anticuado. Decían que mis ideas acerca del sexo y el matrimonio estaban fuera de moda. Pero ahora, muchos de ellos darían cualquier cosa por cosechar los beneficios que yo estoy obteniendo por las actitudes hacia el amor que desarrollé cuando era soltero. Una frase conocida dice: "Serás lo que has venido siendo". Y en ninguna cosa es más cierta que en las esferas del amor y del sexo. Los patrones de amor que practica ahora determinarán la calidad del amor que experimentará más tarde.

Tres clases de amor

Si se siente un poco confundido acerca del amor, es

probablemente porque no se ha dado cuenta de que en realidad hay tres clases de amor. Al describírselas, quiero usarlas como un espejo para evaluar las relaciones de amor que tiene en este momento con sus amigos, su familia y los miembros del sexo opuesto.

La primera clase de amor es el único amor que muchas personas han conocido. Es lo que yo llamo "amor SI" ("si" condicional). Es el amor que usted y yo damos o recibimos cuando se cumplen ciertos requerimientos. Hay que hacer algo para conseguirlo. "Si te portas bien, papá te amará". "Si satisfaces mis expectativas como amante . . . si satisfaces mis deseos . . . si estás dispuesta a acostarte conmigo . . . te amaré". Los padres comunican esta clase de amor con frecuencia cuando les dicen a sus hijos: "Si obtienes buenas calificaciones . . . si eliges bien a tus amigos . . . si te vistes o actúas de tal forma, te vamos a amar". El amor se ofrece a cambio de algo que el amante desea. Su motivación es básicamente egoísta. Su propósito es obtener algo a cambio del amor.

He conocido a tantas mujeres que no conocen otra clase de amor que el que dice: "Te amaré si te entregas a mí". Lo que no comprenden es que el amor que esperan ganar al satisfacer demandas sexuales es un amor barato que no puede darles satisfacción y que nunca vale el precio que pagan por él. Esta clase de amor se pone en evidencia en las palabras de un estudiante que me dijo: "¿Para qué quiero el amor si puedo tener relaciones sexuales? El amor implica renunciar. El sexo, conquistar".

"El amor *si*" siempre trae retahílas consigo. Mientras se cumplan las condiciones, las cosas andan sobre rieles. Cuando hay cierta resistencia a tener relaciones sexuales, a hacerse un aborto, el amor deja de fluir. Lamentablemente, tarde o temprano, uno de los dos no podrá cumplir las exigencias del otro.

Muchos matrimonios se separan porque fueron construidos sobre esta clase de amor. El esposo o la esposa se enamora, no con la verdadera personalidad de su cónyuge, sino más bien con una imagen romántica, glorificada e imaginaria del mismo. Cuando llega la desilusión, o dejan de cumplirse las expectativas, el "amor *si*" a menudo se convierte en resentimiento y, trágicamente, las personas involucradas quizás nunca sepan el por qué.

Menos que lo mejor

La segunda clase de amor (y creo que la mayoría de las personas se casan en base a ésta) es el "amor POR". En este amor, se ama a una persona por algo que es, por algo que tiene, o por algo que hace. En otras palabras, el amor es producto de cierta condición o cualidad en la vida de la persona amada.

El "amor *por*" con frecuencia suena así: "Te quiero porque eres bonita". "Te amo porque eres rico". "Te quiero porque me das seguridad". "Te amo porque eres tan diferente de los demás, tan popular, tan famoso, etc.". Por ejemplo, tal vez conozca a una mujer que ama a un individuo porque es un super atleta. Sencillamente, no puede imaginarse a sí misma conformándose con algo menos que lo mejor. En realidad, no importa tanto quién es ese atleta particular. No está enamorada realmente de él, está enamorada de su posición, su nivel social y su popularidad.

Muchas veces me dicen: "El 'amor *por*' me parece perfectamente aceptable. Me gusta que me quieran por lo que soy, por mis cualidades y otras cosas de mi vida. ¿Qué tiene de malo?" Tal vez nada. A todos nos gusta que nos amen por algo de nuestra vida. Y ciertamente, es un amor preferible al "amor *si*". En la clase de "amor *si*" al amor hay que ganarlo, y requiere mucho esfuerzo. Que alguien nos quiera por lo que ya somos es menos difícil. Sabemos que hay alguna cosa en nosotros por la cual podemos ser amados.

Sin embargo, el ser amados de esta forma pronto llega a ser tan poco positivo como el tratar de ganar la clase de "amor *si*". Y es una base movediza para fundar un matrimonio, o cualquier otra relación sobre él.

Consideremos, por ejemplo, el problema de la competencia. ¿Qué ocurre cuando aparece alguien que tiene más de la cualidad por la cual se nos ama? Supongamos que usted es mujer, y su belleza es una de las causas del amor de su esposo. ¿Qué ocurre cuando entra en escena una mujer más bella que usted?

Si el amor de su novia o su esposa se basa en su salario, o en las cosas o experiencias que se pueden comprar con él, ¿qué ocurre si usted pierde su trabajo, o queda inhabilitado para trabajar, o por cualquier motivo pierde la posibilidad de ganar el dinero que antes solía ganar? O, ¿qué ocurre cuando entra en escena alguno con más dinero o más poder de conseguirlo? ¿Lo pondrá nervioso la competencia? ¿Amenazará su amor? Si lo hace, entonces su amor es de la clase de "amor *por*".

Y hay otro problema con el "amor *por*". Se basa en el hecho de que la mayoría de nosotros somos dos tipos de personas. Una es la persona exterior, el Josh McDowell o el Paul Lewis que el público ve. Y la otra cara nuestra es esa persona interna que está muy en el fondo, que pocos, o ninguno, realmente conocen. Lo que he descubierto al aconsejar a personas cuyas relaciones se basan en la clase de "amor *por*", es que uno o ambos miembros de la pareja están muy temerosos de que la otra persona sepa cómo es realmente en su interior. Temen que, si se conociera la verdad, serían menos aceptables, o menos amados, o quizás hasta serían totalmente rechazados.

¿Hay algo en su vida que no puede compartir con su cónyuge por temor de causar siquiera una leve incomodidad o rechazo? Si es así, le resultará difícil experimentar la plenitud sexual, porque una profunda intimidad sexual requiere un cien por ciento de confianza y entrega. Si hay alguna inseguridad en su amor, si hay algún temor, el primer lugar donde se manifestará es en esta esfera, porque en la expresión máxima de la verdadera sexualidad, nos hacemos completamente vulnerables, estamos totalmente entregados sin reservas al otro. Es esta misma entrega lo que hace posible la máxima gratificación y unidad sexual. Y, esta misma entrega causa el dolor más profundo si no somos totalmente aceptados. De manera que, en una relación del tipo "amor *por*", nunca se puede llegar a una entrega total de uno mismo al compartir el amor físico, porque es muy grande el riesgo de ser herido.

Estaba compartiendo estas ideas con cierta audiencia, cuando una de las muchachas del público comenzó a llorar. Había sido una joven bella, y estaba comprometida para casarse. En un accidente automovilístico un lado de su rostro había quedado terriblemente desfigurado. Había tenido que someterse a la cirugía plástica. Pero su relación era del tipo "amor *por*". Inmediatamente, la invadió el temor, y toda la relación se deterioró. Era un caso típico de "amor *por*". Se reflejaba claramente en la frase "Te quiero, y me gustas por . . .". Mucho del amor que tenemos en nuestra vida es de esta clase, y nos deja totalmente inseguros respecto a su permanencia.

Amor sin condiciones

Afortunadamente, hay otra clase de amor. Un amor tan maravilloso y tan hermoso que quisiera que todo el mundo pudiera decidirse a aceptarlo. Es un amor sin condiciones.

Este amor dice: "Te quiero, a pesar de lo que puedas ser en lo profundo de tu ser. Te quiero no importa lo que pueda cambiar tu manera de ser. No puedes hacer nada para apagar mi amor. *¡Te quiero y PUNTO!*"

El "amor y PUNTO" no es un amor ciego. Lejos de eso. Puede llegar a saber mucho de la otra persona. Puede conocer sus limitaciones. Este amor conoce los errores de la otra persona, sin embargo, acepta a la persona sin exigir nada a cambio. No hay manera de ganar este amor. No se puede hacer nada para aumentarlo. No se le puede apagar. No tiene retahílas condicionales. Es diferente del "amor *por*" en que no es producto de alguna cualidad atractiva de la persona que se ama. Esta clase de amor amaría incluso al individuo más inútil como si fuera de infinito valor.

El "amor *y punto*" sólo lo puede experimentar una persona completa y realizada, una que no necesita estar constantemente tomando algo de las relaciones de la vida para llenar vacíos en su propia vida. Este tipo de persona es verdaderamente libre para dar en una relación sin exigir nada a cambio.

Ya sea que lo vea o no, el "amor *y punto*" es más importante que ninguna otra cosa para usted. Si en la actualidad no está experimentando esta clase de amor, es probable que todavía esté anhelando experimentarlo algún día, o se está aferrando al recuerdo de una época pasada cuando lo amaban de esa manera. La vida sin algo que se parezca a esta clase de amor, con el tiempo conduce a la desesperación. El "amor *y punto*" es una relación de entrega. No puede esperar para *dar*. Las otras dos clases de amor no pueden esperar para *obtener*. La manera de deletrear el "amor *y punto*" es D-A-R. Es un dar libremente de sí mismo. Y en esta relación, no hay lugar para el temor, la frustración, la presión, la envidia y los celos.

Una nueva motivación para actuar

Cuando mi esposa Dottie y yo nos comprometimos, ella me escribió una carta. En ella decía: "Querido, sé que me aceptas tal como soy. No tengo que actuar frente a ti. No tengo que hacer, o ser ninguna cosa en particular . . . sencillamente me amas". Y luego añadió: "¿Sabes lo que eso produce en mí? Simplemente, me produce un mayor deseo de ser mucho mejor de lo que soy".

En relación a esto, algunos individuos me dirán: "Eh, si yo quisiera a mi novia a pesar del aspecto que tuviera, a pesar de la forma en que hiciera las cosas, sencillamente se abandonaría". No, no lo haría. Porque el "amor *y punto*" es un amor que da. En realidad es el amor de Dios vertido a través de otra persona, y es tan atractivo, tan irresistible, que produce lo mejor en el otro individuo. Causa cambios buenos en la otra persona. No se exigen cambios, pero éstos se dan simplemente como una respuesta natural a un amor incondicional.

Mi esposa me ama a tal punto que no tengo que actuar frente a ella. Su amor sin límites desata en mí un deseo natural de ser la clase de persona que ella sabe que yo debiera ser. No tengo que ser así. Simplemente deseo serlo. Es la respuesta natural a su "amor *y punto*" por mí.

De esto se trata el amor divino. Dios, hablando por medio del profeta Jeremías, dice: "Con amor eterno te he amado; por tanto, te prolongué mi misericordia". Dios me amaba aun cuando yo no creía que él tuviera algo que decir acerca de mi vida. Me amó a pesar de mis pecados. Y lo curioso es que desató en mí una respuesta natural. Respondí a su amor. Esa es la verdad de lo que me llevó a entregarle mi vida a Cristo.

Estaba hablando sobre la sexualidad, el amor y el noviazgo en la Universidad Purdue cuando un estudiante de Alemania se puso en pie. Tenía el *Informe Kinsey* en la mano (por supuesto que está un poco pasado de moda), y me dijo: —Mire, señor McDowell, queremos hechos, no toda esta charla filosófica sobre el amor. Queremos hechos. El *Informe Kinsey* está basado en los hechos y es secular, y recomienda que las muchachas tengan varias experiencias sexuales premaritales para lograr una buena relación matrimonial.

Bueno, eso les cayó bastante bien a la mayoría de los hombres de la sala, y se merecían una respuesta directa. Le dije al joven: —Usted tal vez esté en lo cierto, pero, ¿ha leído el porqué? En el libro *Sexual Behaviour in the Human Female* (La conducta sexual en la mujer) se señala que se sabe que muchas muchachas no tienen experiencias sexuales agradables las primeras veces. Generalmente, lleva varias semanas, meses, o incluso un año para que la mujer se adapte, se relaje y disfrute totalmente del sexo. Y luego el doctor Kinsey continúa y demuestra la clase de amor que muchos hombres tienen por su esposa. Dice que la mayoría de los hombres no tienen paciencia con su esposa en esa esfera. En consecuencia, recomienda que las mujeres tengan varias experiencias sexuales premaritales con diversos individuos, porque el hombre que se supone que la ama, no tendrá paciencia con ella.

No puedo imaginarme una razón más pervertida para hacer algo. Espero que ustedes, muchachas, se hagan un favor a sí mismas y esperen que llegue el individuo que las ame por lo que son y con un amor que da. Esperen por el hombre que les diga: "Te amo *y punto*", quien no les privará de la oportunidad de expresarse el uno al otro el amor que se tienen en el matrimonio, sino que será lo suficientemente paciente con ustedes para esperar que juntos logren los ajustes necesarios. No hay otro campo en que un hombre pueda demostrar mejor su amor por su esposa que siendo paciente y tierno con ella en la esfera de los ajustes sexuales.

La elección es suya

¿Cuál de estas tres clases de amor quisiera experimentar? Muy pocas personas eligen a propósito la clase de amor "si". Requiere un esfuerzo y una actuación continuos e ilimitados. Quedan otras dos clases de amor. Y sorprendentemente, muchas personas eligen el amor "por". Tal vez es más halagüeño ser amado de esta manera. Tal vez el ser amado por algo que tenemos o somos, produce satisfacción. Ayuda a que nos formemos una buena autoimagen. Pero es una postura frágil y, en definitiva, contraproducente.

El secreto de amar reside en la tercera clase de amor: "amor *y punto*". No es muy frecuente. Porque la única fuente inagotable de ese amor es Dios mismo. Ninguna persona puede desplegar continuamente esta clase de amor sin que el Espíritu Santo de Dios more en ella y controle su vida. Y Dios implanta libremente este amor en el corazón mismo del individuo que está dispuesto a admitir que lo desea, y que necesita de la ayuda de Dios para amar de esa forma.

¿Por qué es tan escaso este amor? ¿Por qué es tan secreto? Porque corta de base al orgullo humano. No queremos admitir que no podemos ser aquello que queremos ser por pura fuerza de voluntad y propia determinación. Y nos conviene ignorar esta clase de "amor *y punto*" porque cuando se refiere a las relaciones sexuales, requiere disciplina y autocontrol. Requiere que pongamos a nuestras emociones e impulsos físicos a nuestro servicio, y no lo contrario, que nosotros les sirvamos a ellos.

¿Está usted cansado de los amores *"si"* y *"por"*? Puede encontrar el "amor *y punto*". Es el secreto de amar. Y si quiere comenzar a experimentarlo en sus relaciones con el sexo opuesto, probablemente tendrá que realizar algunos ajustes en su manera de pensar. Tendrá que reeducar al órgano sexual más importante.

5

¿Cuál es su órgano sexual más importante?

Cada vez que hablo de la visión cristiana de la sexualidad y del amor, no es raro que uno o dos estudiantes me digan: "Espere un momento, las relaciones sexuales son un acto puramente físico. No difieren de tomarse un vaso de agua".

Bueno, permítanme decirles que hay una tremenda diferencia entre las relaciones sexuales y el tomarse un vaso de agua. Ya sea que se tengan relaciones por algún tipo de utilidad o no, las relaciones sexuales implican todo lo que se es como individuo. La relación sexual nunca es un acto puramente físico. Y como dijimos al comienzo, el aspecto físico de la sexualidad casi siempre funciona bien. Las disfunciones casi siempre están en la mente. ¡Su mente es su órgano sexual más importante!

A esta altura, espero que esté comenzando a comprender que las relaciones sexuales fueron creadas por Dios como un vehículo para el placer y para la expresión de la unión suma y la "calidad de uno" entre un hombre y una mujer dentro de los lazos de una relación permanente y continua. Espero que esté comenzando a ver que las relaciones sexuales casuales nunca pueden ser definitivamente satisfactorias o plenas; que cualquier gratificación que se pueda experimentar en un encuentro único, o incluso en series de relaciones algo más duraderas, sólo sirve para impedir la posibilidad de un amor firme y satisfactorio. Sin embargo, todo esto es exactamente lo opuesto a lo que la sociedad está constantemente diciéndonos.

Usted y yo estamos constantemente bombardeados por mensajes y presiones que se basan en una ética y una práctica sexual falsas e incompletas. Cuando el doctor Kinsey entrevistó a las mujeres acerca de su vida sexual en la década de 1940, encontró que entre la mitad y las dos terceras partes de las mujeres casadas afirmaron tener orgasmos regulares o frecuentes. Treinta años después, un estudio acerca de la mujer ha revelado que tres cuartas partes de las mujeres norteamericanas "siempre o casi siempre" experimentan orgasmos durante las relaciones sexuales. El número de mujeres que logran satisfacción física ha aumentado mucho. En vista de esto, Jody Gaylin Heyward, escribiendo en la revista *Ladies Home Journal* de mayo de 1978, pregunta:

> ¿Por qué, entonces, van las mujeres a clínicas de disfunciones sexuales en un número nunca antes visto? ¿Y por qué hay tantas historias sobre la desilusión y el desencanto provenientes de los terapeutas que tratan a mujeres de todas las edades? Tal vez porque hay algo más que es necesario para sentirse satisfecho, que el simple placer físico. Tal vez porque la frecuencia del orgasmo no mide la plenitud sicológica.

Las relaciones sexuales

Jody tiene razón. Veamos por qué las relaciones sexuales son tan a menudo insatisfactorias, incluso dentro del matrimonio. Es porque la sexualidad, como Dios la creó, implica una unidad en tres dimensiones. Si falta alguna de estas tres dimensiones, se experimenta una relación diluida.

La primera dimensión es obvia. Es la dimensión

física. Es aquella en la que dos personas se convierten en una físicamente. Una unión biológica básica.

La segunda dimensión es la del alma. En ella, el verdadero ser de la persona, como sus ideas, deseos y sentimientos, se hace uno con la otra persona.

La tercera dimensión es la espiritual, aquella en la que dos personas se hacen una espiritualmente. El acto sexual es un acto tridimensional, y si falta alguna de estas dimensiones, siempre se experimentará una relación aguada, y no se alcanzará la plenitud máxima.

La mayoría de nosotros crecemos sin conocer estas tres dimensiones fundamentales. Comenzamos a amar con la actitud de: "Si me desempeño bien en la esfera sexual, si realmente logro satisfacer físicamente a mi cónyuge, no importa que surjan otros problemas, podremos superarlos". Esta es una de las mentiras más grandes que se han propagado en estos días. Una buena vida sexual muy rara vez produce una buena relación. Pero una cosa sé: Un buen matrimonio sí produce una vida sexual fantástica, porque las relaciones sexuales gratificantes son el resultado de una buena relación más bien que la causa de ellas. Sin embargo, muchas personas luchan por encontrar la verdadera unión únicamente a través del acto físico.

¿Pueden las relaciones sexuales resolver un problema?

Permítame darle un ejemplo de cómo piensan algunos individuos. Si surge algún problema en su relación con una mujer, lo primero que quiere hacer la persona es ir a la cama con ella. ¿Por qué? Porque piensa: "Si puedo agradar físicamente a mi cónyuge, el problema, cualquiera que sea, se resolverá solo". Pero, generalmente, la mujer no desea que el hombre la toque hasta que hayan conversado sobre el problema. La relación sexual es lo último que quiere. Eso, sin embargo, no disuade a muchos hombres. Y comienzan a presionar a la mujer hasta que ésta acepta. Como consecuencia, la mujer desarrolla actitudes negativas hacia la sexualidad.

Es por eso que insisto en el hecho de que si no se desarrollan las dimensiones emocionales y espirituales de la vida, usted y su cónyuge se roban a sí mismos en la esfera de sus relaciones físicas.

Entonces, ¿cuál es la importancia de la dimensión física? Pienso que es sumamente importante. Pero creo en una relación suma, la dimensión física sólo hace una doceava parte de la relación matrimonial. ¡Pero es una gran doceava parte! Sin embargo, hay que mantenerla en su verdadera perspectiva. ¡Es por eso que la mente es el órgano sexual más importante! Conozco a muchas parejas que han destruido hermosas relaciones porque han programado hechos y actitudes falsos en su mente en cuanto a las relaciones sexuales.

Al preparar el material para este libro, mi esposa y yo recopilamos información de un buen número de fuentes confiables, de personas que constantemente están aconsejando e investigando en la esfera de la sexualidad y del matrimonio. Muchas de estas fuentes señalan que el 85 o el 90 por ciento de los problemas que parecen estar relacionados con la sexualidad, en realidad son problemas de las dimensiones emocionales y espirituales de la vida. Como la dimensión física es la parte más tangible de la relación, a menudo, es el primer lugar donde se ponen de manifiesto los problemas.

Al decir esto, algunas personas se vuelven críticas y defensivas. Y son esas mismas personas las que me dicen que las relaciones sexuales son "como beber un vaso de agua". Vienen a mí después de alguna conferencia y me dicen: "Josh, no todas las relaciones sexuales tienen significado. Con algunas personas lo tiene, con otras no".

Creo que esa actitud es totalmente errada. Cada vez que se tiene un encuentro físico, por más frívolo que sea, tiene significado. Implica todo lo que uno es como persona, incluyendo la mente.

Programando para el éxito

¿Y cuál es el problema en nuestra mente? La dificultad es que muchos de nosotros hemos sido programados erróneamente. Se nos ha bombardeado con información falsa. Se nos ha enseñado que la clave para la satisfacción sexual plena es seguir a la revolución, desprenderse de la vieja moralidad, y disfrutar de la nueva; experimentar con diversas personas, estar constantemente cambiando para satisfacer las propias necesidades. Se nos dice que la disciplina no cuenta, que lo que cuenta es la gratificación.

En el lenguaje de las computadoras, es como el conocido refrán: "Si coloca información sin sentido, obtendrá conclusiones sin sentido". Si hemos sido programados (o hemos dejado que nos programen) con información incorrecta, llegaremos a conclusiones incorrectas. Y eso es lo que hemos hecho muchos de nosotros. Hemos puesto el énfasis en lo físico en lugar de en lo mental. Y para redescubrir el amor que nos realiza y las relaciones sexuales que nos satisfacen, tenemos que reprogramarnos.

Cuando hablaba en la Universidad Stanford, tuve la oportunidad de entrevistar a un hombre famoso, el doctor Gerhard Dirks. Es uno de los hombres que colaboró en la invención de la computadora. He leído que Einstein tenía un coeficiente intelectual de 207.

¡Dirks tiene uno de 206! Es un hombre brillante, y en la actualidad ha patentado más inventos para la IBM que cualquier otro hombre. Durante una conversación de cuatro horas y media, compartió conmigo cómo la computadora se desarrolló a partir del modelo del cuerpo humano. Es sorprendente. Hablamos de cómo se programan la mente y el cuerpo humanos. Y descubrí que la programación se realiza en tres formas: (1) visualmente (por lo que ve), (2) audiblemente (por lo que oye), y (3) mecánicamente (por lo que hace). Le pedí al doctor Dirks que me dijera específicamente cómo se programan la mente humana y el cuerpo en la esfera de la sexualidad. Compartió conmigo sus propias convicciones acerca del tema.

"Cuando una muchacha tiene relaciones sexuales con un individuo", dijo, "ese hombre la programa para responder visual, audible y mecánicamente a un determinado conjunto de acciones". El doctor Dirks continuó diciendo: "Creo que lo que ocurre es lo siguiente: una muchacha es programada por uno o dos individuos (o veinte). Luego conoce al hombre con quien se casa, y no puede responder totalmente a su programación a causa de sus experiencias previas". Luego añadió: "Realmente, creo que para llegar a la plenitud de las relaciones sexuales, es mejor que dos personas se programen juntas".

¿Qué es lo que lo programa a usted?

Luego el doctor Dirks trajo a colación la perspectiva masculina. Cuando un individuo tiene una experiencia sexual, nunca la olvida. Queda programada directamente en su mente. Las mujeres se programan básicamente por el tacto. Un hombre por la vista. Mientras que las mujeres se ven estimuladas principalmente por el tacto, todo lo que un hombre necesita es ver. A una mujer se la estimula físicamente sobre todo por las caricias. Todo lo que tiene que hacer un hombre es mirar, y ¡listo!, está con su capacidad sexual al 110 por ciento.

Es por eso que la mente es tan importante: es el órgano sexual más importante que tenemos. Y la forma en que programemos nuestra mente es fundamental. Nosotros los hombres tenemos que tener especial cuidado con lo que miramos. Las mujeres deben ser cuidadosas en cuanto a la ropa que usan y en la forma en que se dejan tocar. Y supongo que en el contexto de la sociedad en que vivimos y amamos, lo que estoy diciendo bordea al ridículo. Pero, si la forma en que programamos nuestra mente afecta directamente la futura satisfacción sexual, bien vale la pena hacer el esfuerzo de tomar las precauciones necesarias.

Muchos hombres no le dan importancia a lo que ven, al tiempo que muchas mujeres no son cuidadosas en cuanto a la forma en que se dejan tocar. Como consecuencia, entorpecen las mismas esferas que Dios ha creado para despertarlos y satisfacerlos sexualmente. Para expresar su actitud de libertad y liberación, un individuo puede rodearse de fotografías de muchachas guapas y muchos otros estímulos visuales. Tal vez frecuente las películas sexualmente estimulantes. El resultado a largo plazo será una pérdida de sensibilidad por las mismas cosas que Dios ha creado para satisfacerlo dentro de la seguridad de una relación matrimonial. A causa de esa pérdida, constantemente necesitará estímulo sexual más y más intenso para producir el mismo nivel de tensión.

Si una mujer permite y estimula a los hombres a que la acaricien sin recato alguno, ella también se programa para tener una respuesta diluida hacia el hombre a quien un día querrá entregarse completamente.

Y solamente, para mostrarles el lado positivo de

este principio de programación, consideremos su efecto entre un hombre y una mujer casados.

Si la programación inicial de un hombre es con su esposa, y la de ella es con su esposo, el primer encuentro amoroso provee una explosión inicial de datos y de respuestas placenteras en ambos. Esos patrones de iniciación y respuesta se archivan en sus mentes. Su próximo encuentro sexual se agrega a ellos y los intensifica. Y las miles de experiencias de la vida y la interacción y el compartir el amor físico que siguen, continúan construyendo y puliendo sus programas mentales.

Entonces, no es difícil entender por qué las relaciones sexuales dentro del matrimonio no se vuelven aburridas, sino más y más satisfactorias durante toda la vida. Cuando ha sido adecuadamente programada, nuestra mente es un órgano increíble para nuestra satisfacción sexual.

Podemos ser reprogramados

Para experimentar personalmente el máximo de realización en el amor y en la esfera sexual, la mayoría de nosotros necesitamos una reprogramación un tanto fundamental y seria. Y creo que puedo hablar de esto con confianza porque yo fui reprogramado recién cuando era estudiante en el Kellogg College.

Durante mi vida de estudiante, estaba dispuesto a destruir al cristianismo. Pensaba que era una gran farsa, y quería que otros estuvieran tan conscientes como yo de lo que era esa parodia. Pero a medida que traté de hacerlo, no pude refutar intelectualmente la verdad cristiana. Y, como resultado de una intensa investigación, llegué a la conclusión de que Cristo Jesús es quien afirmaba ser, el Hijo de Dios, el Mesías.

De manera que en 1959, durante mi segundo año en la universidad, decidí confiar en Cristo como mi Salvador y mi Señor. Lo invité a entrar en mi vida, y él comenzó a cambiar mi mente y mi manera de pensar. Después de un año y medio, me dio plenitud desde adentro hacia afuera. En efecto, me cambió y me renovó tanto que también cambió toda mi perspectiva sexual. Hizo posible que yo pudiera "dar" verdaderamente en una relación, sin exigir nada a cambio. Fue entonces que aprendí la diferencia básica entre el "amor *si*" y el "amor *por*" por una parte, y el "amor *y punto*" por la otra.

Creo firmemente que éste es el primer paso en la renovación de la mente y de la vida: el dejar que Cristo comience a rehacernos. Y cuando estamos en el proceso de la renovación, cuando la vida está en construcción, creo que significa que ejercemos algo de disciplina en las relaciones con los miembros del sexo opuesto.

Estoy cansado de escuchar las frases que se dicen en los campus de las universidades: "Si me quieres, accederás". O, "No puedo evitarlo". Cuando oiga esas frases, o las use usted mismo, recuerde que se trata únicamente del "amor *si*" o del "amor *por*".

Por supuesto, está el viejo recurso de "Todo el mundo lo hace". Qué razón más débil para hacer algo, simplemente porque algún otro lo hace. Le estoy muy agradecido a Jesucristo porque me dio un carácter nuevo y la capacidad de evitar el hacer algo simplemente porque es popular o porque algún otro lo hace.

Y finalmente, está la gastada afirmación de: "Sólo por esta vez". He visto tantas relaciones continuas de "sólo por esta vez", que he perdido la cuenta de ellas. Todos estos "recursos" y motivaciones se basan en una clase de amor muy barato y condicional. La renovación de la mente comienza con Cristo Jesús y continúa por el cambio de nuestros recursos y enfoques para lograr relaciones del tipo "amor *y punto*".

¿Por qué esperar hasta el matrimonio?

Siempre que comienzo a hablar sobre la renovación mental y sobre Cristo Jesús, hay alguien que dice: "¿Cuál es el problema? ¿Por qué tengo que esperar hasta el momento adecuado y por la persona adecuada? ¿Por qué piensa usted que Dios quiere que reservemos las relaciones sexuales para el matrimonio? ¿Qué pasa si se está enamorado y comprometido, pero sencillamente no se ha pasado por el procedimiento formal de una ceremonia de casamiento?"

Mi respuesta es la siguiente: Dios inventó la sexualidad y tiene mucho que decir sobre ella. Una de las cosas que dice en la Biblia es "huid de la fornicación". Fornicación es la palabra bíblica para el sexo premarital —el sexo fuera del matrimonio. La primera vez que escuché esto, antes de ser cristiano, me molestó. Tuve ganas de decir: "¿Quién crees que eres, Dios o algo por el estilo?" Más tarde descubrí que eso es exactamente lo que él es: Dios.

Pero cuanto más estudiaba este mandato, cuanto más hablaba a la gente joven, y más reflexionaba sobre las Escrituras y la experiencia personal, más me convencía de que cada vez que Dios da un mandamiento negativo en la Biblia, siempre hay dos motivos positivos por detrás de él. El primero es para protegernos. El segundo es para nuestra provisión. En esencia, Dios me estaba diciendo: "Josh, espera. Porque te quiero mucho, te voy a proteger y voy a proveer para ti para que tengas una relación máxima, plena con tu futura esposa".

Esperar, ¿por qué? Creo que una de las razones es para producir autocontrol, algo de lo cual todos necesitamos un poco más. Hay muchas oportunidades *después* de casados en que *no* se pueden tener relaciones sexuales debido a enfermedades, separaciones, o algunas etapas durante el embarazo. Cuando aprendemos a controlar nuestra propia vida sexual antes del matrimonio, la podemos controlar también después. Y este autocontrol añade el elemento de confianza a la relación.

Si mi esposa sabe que antes de casarnos yo podía controlar mi vida sexual, esto produce en ella confianza y refuerza nuestra relación cuando estoy de viaje. Usted dirá: "¡Pero eso es infantil!" Tal vez. Pero nos da a nosotros y a nuestro matrimonio una ventaja. Por la forma en que Dios creó la relación sexual, hace falta un total abandono de sí mismo a la otra persona. Y eso requiere una confianza del cien por ciento. Cuando hay desconfianza en una relación, hay problemas. La disciplina previa al matrimonio hace posible disfrutar más tarde la plenitud en el amor y en las relaciones sexuales.

Volviendo al punto de partida

Muchas personas dirán: "Josh, quiero esperar el momento y a la persona adecuada para tener relaciones sexuales. Pero, ¿cómo puedo hacerlo?" Otros añadirán: "Hasta ahora no he esperado para mis relaciones físicas, pero de ahora en adelante quiero esperar. ¿Cómo se lo explico a mi novio cuando hasta ahora hemos tenido relaciones sexuales?"

Soy el primero en admitir que el parar después que se ha comenzado es un verdadero problema. Es sumamente difícil renunciar. Pero creo que es necesario hacerlo. Y aunque mi respuesta a estas preguntas es *sencilla*, no es *fácil*. Sugiero que le diga a su amante un simple y llano "No", y le explique los motivos. Si él (o ella) persiste, no es alguien que le ama a usted de verdad. Lo que ha venido aparentando ser amor, era sólo el deseo de satisfacción sexual. No importa si es un hombre contra una mujer, o una mujer contra los valores de un hombre en esta esfera. Creo que cualquiera que intenta comprometerlo en una esfera, tiene la capacidad de intentar comprometer sus valores o deseos en otras. La esfera puede ser la mentira, la trampa o cualquier otra. Y esta clase de individuo no es buen partido para el matrimonio. Recuerde, el matrimonio es donde se puede disfrutar la plenitud del sexo y del amor. No me gustaría que alguien que se acerque a mí intentando presionarme llegara a ser la madre de mis hijos.

Algunas sugerencias prácticas

Ahora, si usted desea programar su mente positivamente, le voy a sugerir algunas ideas prácticas. Además de la base esencial de una relación vital con Cristo Jesús, y de tener cuidado con los "recursos" que use o a los que responda, éstas son otras sugerencias que puede usar.

Hace más de 2.700 años, el autor de Los Proverbios escribió acerca del hombre: "Cual es su pensamiento en su corazón, tal es él". (De paso, eso también se aplica a las mujeres.) El asunto es: Aquello en lo que *usted piensa*, determina quién es usted.

Pensamientos ⟶ actitudes ⟶ acciones ⟶ resultados, ésa es la secuencia. Y 750 años después, Pablo, bajo la inspiración de Dios, añadió estas palabras: "No os conforméis a este siglo, sino transformaos por medio de *la renovación de vuestro entendimiento*". Entonces, el principio es: Usted se convierte en aquello que piensa. La manera de cambiar las acciones es cambiar la mente.

Mencioné anteriormente la frase de las computadoras: "Si coloca información sin sentido, saca conclusiones sin sentido". Aclaremos. Cuide lo que *lee*. Sabe lo que es bueno para usted y lo que no lo es. Si hay alguna revista o libro en particular que le provoca fantasías eróticas, será mejor que deje esa revista o libro. Las fantasías eróticas pueden producir expectativas irreales que quizás nunca se satisfagan más adelante en el matrimonio.

Si descubre que las películas que está viendo están determinando lentamente (o rápidamente) sus nuevas convicciones, tal vez convenga que deje de verlas. Usted no es tonto. Sabe muy bien lo que lo afecta, y es usted quien tiene que tomar la decisión. No puedo darle valores estilo vestidura de hierro que se adecúen satisfactoriamente a sus requerimientos. Pero puedo decirle: "Tal como piensa una persona, así es". Y puedo decir inequívocamente que todos necesitamos ser transformados por medio de la renovación de nuestra mente a través de Jesucristo.

Otra esfera crucial para la renovación es lo que *hablamos*. Lo que decimos tiene un efecto casi tan grande sobre lo que hacemos, como lo que pensamos. Si constantemente está involucrado en bromas de tono subido, insinuaciones sexuales o charlas provocativas, eso influirá sobre usted y sobre los que lo rodean. No estoy diciendo que está mal hablar de la sexualidad, pero hay que tener cuidado con el contexto. ¿Está sencillamente repitiendo la visión de la sociedad de que las relaciones sexuales son un juego, un "asunto divertido"? ¿O su conversación está reforzando la belleza, la importancia y los valores de una relación personal total disfrutando de la plenitud sexual dentro de la plenitud matrimonial?

Y finalmente, observe la forma en que trata al sexo opuesto. Una vez que se ha cruzado cierto punto físicamente, es muy difícil regresar. De modo que decida por adelantado la cantidad de estímulo físico que se permitirán usted y su novio o novia. Y tenga cuidado con el escenario. Por más "renovada" que esté su mente, el estar tendidos sobre el asiento del automóvil escuchando música a las dos de la mañana, es totalmente estúpido si uno realmente cree en la santidad de las relaciones sexuales.

Pero los "no" son solamente la mitad de la respuesta. Necesita volver a llenar los espacios de su mente que ha vaciado. La renovación implica reprogramación.

El salmista tuvo una idea que sigue siendo verdadera hoy en día. "¿Con qué limpiará el joven su camino? Con guardar tu palabra". Estoy firmemente convencido de la importancia de los *estudios bíblicos*. Alimentarse de la Palabra de Dios contrarrestará toda la programación que recibe del sistema del mundo. (Sugiero, si no ha realizado mucha lectura bíblica antes, que busque una traducción moderna de la Biblia y comience a leerla. Comience con el evangelio de Juan en el Nuevo Testamento, más adelante lea el Antiguo Testamento.) Al responder con obediencia a la Palabra de Dios, descubrirá que su vida encuentra un significado increíble y parte del vacío que antes trataba de llenar con actividades sexuales, será llenado con el propio amor de Dios hacia usted. De eso se trata la renovación mental. Después de todo, su mente es su órgano sexual más importante.

6

¿Se puede empezar de nuevo?

A estas alturas, seguramente se ha formado una de las tres opiniones siguientes en relación a lo que he dicho sobre las relaciones sexuales y el amor. O bien dice: "Josh, usted tiene razón. Estoy de acuerdo, y he venido tratando de vivir y de amar de la manera que ha descrito". O dice: "Josh, usted ha perdido la razón, es una reliquia del siglo dieciocho. Yo voy a vivir como lo hacen las personas del siglo veinte".

Y otros de ustedes dirán: "Todo esto es muy nuevo para mí, pero el mensaje parece tener sentido. Mi estilo de vida ni siquiera se aproxima a lo que usted ha descrito. Por momentos me he sentido un poco molesto por algunos de mis patrones sexuales; a veces me he sentido como un perdedor. Ahora me siento directamente culpable. Quiero una vida nueva. Quiero limpiar mi vida sexual. Me gustaría experimentar el 'amor *y punto*', pero no sé por dónde comenzar a cambiar".

Creo que aquellos de ustedes que están en la primera categoría ya entienden el secreto del amor, y aquellos de ustedes que están en la segunda categoría no tienen interés en él. Ahora me gustaría hablar por unos momentos a todos los que están en la tercera posición. Y permítanme decir desde el comienzo, que hay muchísimas esperanzas. Usted *puede* cambiar y encontrar el tipo de vida que busca. He aquí cómo:

Algunos de los que componen este tercer grupo no son creyentes en Cristo. Me dirijo a ustedes primero. Y luego quiero hablar a los que ya son cristianos pero que todavía se encuentran lejos de la meta. He conocido a cientos y oído de miles que tienen un profundo sentimiento de culpa por su conducta sexual.

He aquí el punto de partida

Si usted es uno de aquellos que no tienen una relación personal con Cristo Jesús, la respuesta a sus sentimientos de culpa no es una larga lista de tabúes sexuales. Ni se encuentra la respuesta diciendo: "Está bien para usted que tenga relaciones sexuales sin restricciones". Creo que el verdadero punto de partida para usted y cualquier otro es lo que fue para mí en 1959 el descubrimiento de Cristo Jesús. Eso es, un encuentro personal, que cambia la vida, con la interesante persona de Cristo Jesús. Ahora, antes de que corte la comunicación conmigo, permítame que le dé dos motivos básicos para ello.

Primero, está la esfera del perdón, el lavado de la conciencia. Creo que uno de los primeros pasos hacia el control en el plano de la sexualidad, y en cualquier otro si vamos al caso, es la experiencia del perdón y el lavado de la culpa. Dios es el que se encarga del asunto del perdón. Una de las principales razones por las que Jesús vino a la tierra fue para perdonar a los hombres y lavar su conciencia. Es por eso que la Biblia dice: ". . . si vuestros pecados fueren como la grana, como la nieve serán emblanquecidos . . .". Esa es la razón principal por la que Jesús murió en la cruz: para perdonarlo a usted y para perdonarme a mí. Todos necesitamos su perdón.

El director de una institución mental dijo en un seminario que el 50 por ciento de sus pacientes podrían volver a sus hogares si supieran que estaban perdonados. Cuando el doctor Billy Graham estaba dando una conferencia en Honolulú, fueron enviados allí un grupo de sicólogos para criticar sus ideas. Sólo pudieron estar de acuerdo unánimemente en una cosa: cuando el doctor Billy Graham llamó al arrepentimiento y a recibir el perdón de Dios por medio de Cristo, era una jugada sicológicamente razonable porque la gente necesita el perdón.

¿Sabe usted por qué las personas *se sienten* culpables? Porque *son* culpables. La Biblia enseña que todos hemos pecado y hemos perdido la gloria de Dios. "Todos" nos incluye a usted y a mí. Y si acude a Jesús ahora mismo y le pide que se convierta en su Señor y Salvador, (y le da la autoridad para gobernar su vida), Jesús inmediatamente lo perdonará y limpiará su conciencia.

Cuando le dije esto a un estudiante, contestó: "¿Cómo sabe que Dios me perdonará? Usted ni siquiera sabe lo que he hecho". No me interesa lo que haya hecho, no me interesa lo malo que haya sido. Dios lo ama, lo perdonará, y hará borrón y cuenta nueva".

¿Cómo puedo saberlo? ¿Qué me da esa seguridad? Primero, está escrito en el libro de Dios, la Biblia. Y Dios no miente. Por numerosas razones, tengo confianza en su Palabra. Segundo, recuerdo claramente esa noche en la universidad cuando acepté a Cristo como mi Salvador. Esa noche me fui a la cama y dormí como un bebé, y desde entonces, jamás he vuelto a quedarme despierto de noche por el sentimiento de culpa.

Libertad sin esclavitud

La segunda razón por la que creo que es importante acudir a Cristo involucra toda la esfera de la libertad, la verdadera libertad. Jesús tiene el poder para darnos libertad. La vida cristiana es una vida sobrenatural. De acuerdo a las Escrituras, y de acuerdo a mis experiencias y a las de millones de cristianos a través de la historia, cuando alguien confía en Cristo, el Espíritu Santo entra a la vida de esa persona de una forma sobrenatural y comienza a cambiar a esa persona desde adentro hacia afuera. Literalmente, está "en construcción".

Y esta libertad que Cristo da es totalmente diferente de la idea de libertad del mundo. El mundo nos dice que tenemos libertad sexual mediante la complacencia, la tolerancia. Lo que dice Jesús tiene mucho más sentido. Dice: "En la sexualidad se es libre mediante el control". Con Cristo *podemos* controlar esta esfera de nuestra vida. Y hasta que podamos controlarla, no somos realmente libres, sino que somos esclavos de nuestras pasiones.

La razón por la que tanta gente tiene que adherirse a las relaciones sexuales sin restricciones es que aparentemente no tienen otra alternativa. No se pueden controlar. Pero, si usted acude a Cristo y lo confiesa como Señor y Salvador, él lo perdona, lo limpia, entra en su vida y lo cambia desde adentro, como me ha cambiado a mí. Le da la capacidad para decir "No" en las esferas de la vida en que hace falta decir "No", y "Sí" en las que requieren un "Sí".

He descrito esta relación dinámica con Jesús, pero en realidad todavía no he explicado cómo comenzar esa relación. Tal vez usted diga: "No sabía que el cristianismo consistía en una relación con Cristo Jesús. Me gustaría conocer personalmente a Cristo. Me gustaría saber que estoy perdonado, tener la conciencia limpia. Me gustaría tener la seguridad de que Jesús vive en mí".

Recuerdo cuando yo mismo tuve esa actitud, pero

no sabía qué hacer. Un amigo mío me dijo: "Josh, voy a repetir la oración que hice para confiar en Cristo, tal vez mis palabras te ayuden a expresar a Dios tu deseo de confiar en Cristo".

Y desde que Jerry hizo eso por mí, he estado muy agradecido y he querido hacerlo por otros.

De modo que voy a compartir con usted lo que Jerry compartió conmigo. Si quiere orar ahora mismo donde está, lo animo a que lo haga. Y al orar, recuerde que Dios dice en Juan 1:12: "Mas a todos los que le recibieron, a los que creen en su nombre, les dio potestad de ser hechos hijos de Dios".

Esta es la oración que yo hice:

Señor Jesús, te necesito. Perdóname y límpiame. En este mismo momento confío en ti como Salvador y Señor. Ocupa el trono de mi vida, cámbiame por dentro. Gracias porque puedo confiar en ti. En el nombre de Cristo. Amén.

No es la oración más complicada que habrá oído. Pero es la más significativa. Con esa oración, usted puede comenzar una nueva relación con Dios, una relación permanente.

Alimentando el nuevo comienzo

Si ha hecho esa oración, quiero sugerirle que lea el tercer capítulo del evangelio de Juan tres veces antes de acostarse esta noche. Y antes de leerlo, haga una oración más o menos como la siguiente: "Dios, si eres Dios y Cristo es tu Hijo, y si lo que leo en este libro es verdad, y realmente has entrado en mi vida en respuesta al pedido que hice para que me perdones, por favor, dame la convicción de ello. Ayúdame a saber que es verdad en mi interior". Luego, lea Juan, capítulo tres, tres veces. En los días y meses siguientes, busque cambios en su vida en dos esferas: la de las actitudes y la de las acciones.

Cuando ha ocurrido un cambio fundamental en el centro mismo de su ser, es totalmente natural que se manifieste en diversas formas. Muchas veces existe una sensación inmediata de paz interior, el sentimiento de inseguridad es reemplazado por uno de calma y seguridad. Se encontrará comenzando a responder a las circunstancias de la vida de una manera diferente. Las cosas que normalmente lo asustaban o lo enojaban, ya no lo hacen. Comenzará a expresar un amor más desinteresado que el que expresaba antes.

Tal vez haya otros cambios en actitudes o en acciones que Dios le dará a usted en forma muy particular. Para ampliar el panorama y la comprensión de su nueva vida, lea el resto del evangelio de Juan en su Biblia, y también busque un grupo de cristianos con los que se pueda comunicar y aprender más sobre su nueva fe.

Los cristianos también tienen problemas

Ahora quiero dirigirme a los cristianos, a los que ya han invitado a Cristo a vivir en sus vidas. Por extraño que parezca, los cristianos pueden tener más dificultades en la esfera del control sexual que los que no lo son. Como he dicho antes, la actividad sexual implica nuestra dimensión física, emocional y espiritual. Por eso, cuando un hombre y una mujer creyentes entran en una relación muy estrecha, comienzan con un lazo espiritual común. Y si sus personalidades se integran con facilidad, habrá una tendencia natural de progresar hacia la esfera física. A menos que comprendan esto, les podrá resultar muy difícil ejercer el control.

Charlie Shedd ha escrito a menudo sobre este tema en forma graciosa: "No animo a las parejas que están saliendo, a que oren juntas. La buena oración conduce a la buena relación sexual . . .". Y tiene razón; con la persona adecuada, y en la situación adecuada (el matrimonio), la relación sexual es buena y maravillosa. Y lo mismo sucede con la oración. Creo firmemente en la verdad de que cuanto más firme es el lazo espiritual, más firme será el lazo sexual.

Hace algunos meses, una revista hizo un estudio sobre hombres y mujeres que profesaban ser religiosos y llegó a la conclusión de que "la convicción religiosa aumenta el placer sexual". Descubrieron que donde existían firmes convicciones religiosas, había más satisfacción sexual. Creo que la principal razón para este paralelismo entre las convicciones religiosas y el disfrute de las relaciones sexuales es que Jesús enseña que las personas son valiosas. No se usa a las personas. Primero se piensa en lo que se puede *dar* a la persona en lugar de en lo que se puede *obtener* de ella. Y en el matrimonio, esta actitud de dar en lugar de obtener, elimina muchos de los problemas sexuales. Antes del matrimonio, puede originar algunos problemas, porque el "amor *y punto*" es tan encantador que las personas naturalmente tienden a una mayor proximidad física.

Ahora, si usted es un cristiano que ha fracasado en la esfera del control sexual y se siente culpable, permítame explicarle cómo quitarse para siempre ese sentimiento de culpa.

El primer paso es la confesión. El perdón es tan importante para un cristiano como para uno que no lo es. Cuando Cristo murió en la cruz hace casi dos mil años, murió por cada uno de los pecados que usted haya cometido, o cometerá, pasado, presente o futuro. Tal vez diga: "Un momento, ¿y qué me dice de mis pecados futuros?" Bueno, hace dos mil años, todos sus pecados eran futuros. Pero Cristo murió por usted.

Tal vez pregunte: "Entonces, si he sido perdonado,

¿por qué debo confesarlos?" Creo que hay dos motivos. Uno, porque la Biblia dice que debemos hacerlo. En la primera carta de Juan, el apóstol les escribe a cristianos: "Si confesamos nuestros pecados, él es fiel y justo para perdonar nuestros pecados, y limpiarnos de toda maldad". La segunda razón es personal y práctica. Animo a los creyentes a confesar para que puedan seguir experimentando lo que ya tienen, el perdón. Muchos cristianos andan como si tuvieran libertad bajo fianza cuando en realidad han sido perdonados. Y no se dan cuenta de la diferencia entre ambas cosas. Cuando uno está en libertad bajo fianza, tiene que presentarse ante el tribunal o su representante en forma regular. El crimen sigue registrado. Hay toda una serie de restricciones para la vida. Se vive bajo ciertas obligaciones, constantemente en guardia, con la duda de si se está haciendo algo malo. Pero cuando uno ha sido perdonado, es totalmente libre. No hay restricciones. No hay oficiales responsables de la fianza; es como si nunca se hubiera cometido el crimen.

Para entender el perdón mejor aún, veamos la palabra griega para "confesión". La Biblia fue escrita en griego y en hebreo, y para entenderla mejor, muchas veces es importante descubrir el significado verdadero de las palabras originales. La palabra griega para confesión se compone de dos raíces: una significa "lo mismo" y la otra significa "decir". En consecuencia, confesar significa decir lo mismo que dice Dios sobre el pecado. ¿Y qué dice Dios? Dice: (1) que el pecado es muerte, (2) que el pecado está perdonado. Cuando confesamos nuestros pecados, el Espíritu Santo aplica el perdón que Cristo ya ha obtenido para nosotros en la cruz, y comenzamos a experimentarlo. Entonces, lo primero que insto a hacer a los cristianos que tienen problemas con la sexualidad, es confesar sus pecados a Dios. Lo segundo que los insto a hacer, es poner a Cristo como el centro de su vida sexual. ¿Qué significa eso?

Cristo está más interesado en su vida sexual de lo que usted mismo está. Sé que a algunos les costará creerlo, pero es verdad. El poner a Cristo en el centro significa confiar en Cristo en todas las esferas de su vida. Significa permitir que el Espíritu Santo, la fuente de su poder, le dé el poder para decir "No" y para controlar su vida. Significa permitir que Dios lo dirija para cultivar la mentalidad sexual cristiana como la describimos en el capítulo cinco. Y cuando el Espíritu lo haga, encontrará el éxito sexual antes del matrimonio (en el control) y durante el matrimonio (en la libertad).

Perdón en tres niveles

Hasta este punto, he hablado individualmente a aquellos de ustedes que no son cristianos, y luego a los que son cristianos. Ahora quisiera hablar con más detalle sobre el perdón. Muchos consejeros que conozco piensan que el problema número uno en las esferas de la autoaceptación, la autovaloración y las relaciones personales, es la falta de perdón —el perdón en tres niveles: Dios, uno mismo, y los demás. Ya hemos hablado del perdón de Dios. El ha prometido perdonarnos. Cristo Jesús pagó el precio de nuestros pecados. El asunto del perdón está arreglado, y podemos experimentarlo. Dios lo dice y yo lo creo, porque lo he leído, lo he oído, lo he experimentado personalmente. Este es el primer nivel.

El segundo nivel es uno mismo. A muchas personas les resulta difícil perdonarse a sí mismas. Sienten que han arruinado tanto su vida, que ya nadie puede perdonarlas. Examinemos esta actitud. Si el Creador del universo dice que hemos sido perdonados, que ha borrado el registro, entonces somos perdonados. Dios lo perdona. Hágase entonces un favor a usted mismo, perdónese. Dios todavía lo ama; todavía lo acepta, y le dice que está perdonado.

Si le es de ayuda, escriba la afirmación: "Estoy perdonado, Dios me ha perdonado, y yo me perdono a mí mismo. Dios me ha dado una nueva vida limpia. Dios me ama, y yo también me amo". Luego repita en voz alta la afirmación. Lo que lee, oye y dice, *puede* —y efectivamente *lo hace*—, afectar su vida. El escribir, leer, y hablar del perdón puede proveerle el impulso que necesita para aceptar el perdón. Si desea hacerlo, consulte los pasajes de la Biblia sobre este tema. Lea 1 Juan 1:9; Salmo 103:12; Isaías 43:25; Hebreos 10:16-18; 1 Juan 2:1, 2.

El tercer nivel se refiere a los demás. Y en este nivel, hay dos partes. Una es el perdón a los demás, aquellos que tal vez lo han herido o han abusado de usted en el amor, en la sexualidad o de cualquier otra manera. No sólo tenemos autoridad para hacerlo, sino que también tenemos la responsabilidad de hacerlo. El Padrenuestro dice: "Perdónanos nuestras deudas [pecados], como también nosotros perdonamos a nuestros deudores". ¿Sabe lo que está diciendo con estas palabras? Le está pidiendo a Dios que sea tan bondadoso, amante y perdonador con usted, como usted es bondadoso, amante y perdonador con los demás. Si después de haber orado seguimos con un espíritu no perdonador hacia los demás, es una hipocresía espiritual.

En el evangelio de Mateo, Cristo habla sobre el perdón. Cuando Pedro pregunta cuántas veces tiene que perdonar a alguien, Jesús le contesta que no debe perdonarlo siete veces, sino setenta veces siete. La respuesta multiplicada de 490 no es tan importante; el asunto es el principio que hay detrás de esto. Perdone a una persona hasta que haya perdido la cuenta de las veces que lo ha hecho.

Un corazón que no perdona produce amargura. Cuanto más pasa sin perdonar, más crece la "raíz de falta de perdón" en usted, hasta que finalmente termina consumiéndolo. Y eso lo destruirá a usted y a sus relaciones con los que lo rodean.

Ahora, estoy seguro de que algunos de ustedes han sido profundamente heridos por algunos otros que ni siquiera se han molestado en venir a pedirles perdón. Dios quiere que perdone a esas personas de todos modos. En ningún lugar de la Biblia dice: "Perdónelos sólo si vienen a pedirle perdón; de lo contrario, no los perdone". A esta altura, su perdón lo beneficia más a usted que a esa persona. Despeja su vida para que pueda seguir con la tarea de vivir y amar. Lo libera de la amargura para participar de la vida abundante de Dios.

La otra cara de la moneda

La segunda parte del perdón hacia los demás es recibir su perdón. Jesús enseñó que si tenemos algo en contra de un hermano o hermana, hay que dejar lo que se está haciendo e ir a arreglar el asunto. Si hemos hecho mal a alguien, creo que en la mayoría de los casos lo importante es pedir perdón, y luego aceptarlo. Digo "la mayoría de los casos" porque creo que hay algunas oportunidades en que el pedir perdón puede abrir viejas heridas. Como volver a una antigua novia a la que no se ha visto durante doce años y está casada y feliz, y sacar a relucir un recuerdo desagradable que quizás ella misma nunca ha compartido con su esposo. Creo que usted y el Espíritu Santo tienen que tomar una decisión conjunta en estos casos.

El perdón es importante. El perdón es bíblico. Algunos de los grandes personajes de la Biblia eran personas que tenían una desesperada necesidad de perdón. David, a quien Dios llamó un hombre conforme a su corazón, cometió adulterio con Betsabé y luego hizo que mataran al esposo de ella en la guerra para poder casarse con ella. La confesión de su pecado que hizo David a Dios, está registrada en el hermoso Salmo 51. Dios lo perdonó, y siguió usándolo y bendiciéndolo.

El apóstol Pedro negó a Cristo tres veces en un momento fundamental de la historia. Sin embargo, Dios lo perdonó y lo hizo miembro integrante de la primera iglesia. El apóstol Pablo fue responsable de la muerte de cientos de creyentes antes de su propia conversión. Pero Dios lo perdonó. Y éstos son sólo tres de los muchos casos que se registran en las Escrituras. Dios está dispuesto a perdonar y necesitamos aceptar su amor y su gracia.

Pero aunque hayamos sido perdonados, es indudable que tal vez habrá algunas consecuencias de nuestro pecado que queden sin resolver. Si usted es responsable de que una mujer haya quedado embarazada y haya dado al bebé en adopción, siempre sabrá que en algún lugar hay un hijo suyo. Si usted ha perdido su virginidad hace tanto tiempo que ya no recuerda cuándo, algunos de esos recuerdos seguramente persistirán. Pero Cristo tiene una sorprendente manera de curar incluso esos recuerdos, de manera que las consecuencias de los pecados pasados no lo inmovilicen.

R. C. Sproul, un amigo mío que trabaja con estudiantes en la zona de Pittsburgo, dice que se puede recuperar la virginidad o la castidad perdidas. Así es; se las puede recobrar. Obviamente, no se las puede reclamar en sentido fisiológico o histórico, pero sí en sentido espiritual y sicológico. Porque Dios dice que cuando perdona nuestros pecados, los olvida. Dios los arroja a lo profundo del mar, y para él, volvemos a ser castos. Y gracias a eso, no tenemos que seguir arrastrando nuestro pesar a causa de nuestra conducta sexual pasada. Quedamos libres para seguir andando como personas nuevas. Dios ha perdonado y ha olvidado.

Ese es otro de los grandes atributos de Dios. No sólo perdona, ¡olvida! Limpia su vida. Puede sentirse renovado, limpio y nuevo, no importa lo terrible que haya sido su pasado. Sus buenas intenciones recién adquiridas pueden convertirse en una realidad gracias al amor de Cristo y a los favores inmerecidos que pone en nuestro camino. El tener un nuevo comienzo es un sueño posible. Por medio de la confesión y del sacrificio de Cristo en la cruz, puede ser su propia realidad.

Ahora, que está comenzando de nuevo, veamos hacia dónde ir a partir de aquí. En los próximos dos capítulos, consideraremos el asunto de las citas con personas del sexo opuesto y nuestras relaciones de desposados.

7

¿Responden los hombres en forma distinta que las mujeres?

¿Recuerda su primera cita con una persona del sexo opuesto? Yo sí. Estaba tan emocionado que comencé a bañarme a las cuatro de la tarde. Tomé el aceite de burbujas de mi hermana, llené la bañera hasta el tope, y literalmente me di un baño de primera. Ponerme la corbata para la cita era un asunto fundamental. Tuve que tomarme media hora para esa tarea. La anudé siete veces, sólo para asegurarme que colgaba en la posición perfecta. ¡Y el cabello! Cada cabello tenía que estar a la perfección. Tomé el espejo de mi hermana (el que ella usaba para descubrir granitos en la cara), lo ubiqué cuidadosamente detrás de mi cabeza, en busca de los cabellos sueltos que necesitaran una dosis extra de fijador de pelo.

Y luego la colonia. Hombre, eso sí que era importante. La primera vez que me puse colonia no tenía la menor idea de cuánto usar. Tengo un hermano mayor muy distinguido quien solía comprar colonias costosas, y en la noche de mi primera cita, me metí en su cuarto (con la actitud de "si un poco está bien, mucho será mejor") y me dediqué a destapar una variedad de frascos. Para cuando salí de casa olía a fábrica de colonias.

En mi primera cita, caminé desde mi casa a la de ella para recogerla. Estaba tan nervioso que creía que perdería el contenido de mi estómago en el arbusto más próximo. Desde la vereda hasta la puerta de su casa había un sendero. Parecía muy ancho y muy largo, y yo me sentía tan asustado que di una vuelta más a la manzana antes de atreverme a hacer mi camino por ese sendero. Recuerdo el momento en que llegué a la puerta y toqué el timbre. Allí estaba yo, semiahogado en colonia, a punto de perder lo que tenía en el estómago en los arbustos, y con la esperanza de que nadie saliera a atenderme. Pero alguien lo hizo: su papá.

—Hola, soy Josh —dije dócilmente.

—Pasa —respondió. Supongo que él estaba tan nervioso como yo (era también la primera cita de su hija) pero no lo demostró.

—Gracias, señor —dije. Y allí nos sentamos en profundo silencio, interrumpido por preguntas cortas y respuestas aún más cortas.

—¿Cómo te va en el colegio?

—Muy bien, señor.

—¿Qué tal el equipo de fútbol?

—Bueno . . . no tan bien, señor.

—¿Cómo anda tu padre?

—Muy bien, señor.

Y luego entró ella. Ella era la chica más hermosa que yo había visto. ¡Seguramente había comenzado a prepararse a las tres y media de la tarde!

Fuimos caminando hasta el teatro local. No fue la noche más espléndida que yo haya tenido, a causa de mi nerviosismo; pero me sentí muy orgulloso cuando abrí mi billetera con mis diez dólares (tenía el adelanto de diez meses de mi asignación o mesada), y la sostuve, a la Rockefeller, como si contuviera todo el valor de la Casa de la Moneda.

Estar sentado en el teatro me resultó incómodo. No sabía si había que conversar con la muchacha durante la función, o no. Comencé a transpirar profusamente. Susurré algo a la altura de su nariz, creyendo que era su oído. Fue una noche inolvidable.

Pero, como todos sabemos, después de la primera cita se adquiere experiencia y se avanza más. Se sueña toda la semana con tomarle la mano. Y la próxima vez que se va a su casa, ya no se siente tan nervioso. La próxima vez en el teatro, se planea el ataque. Uno se acomoda hacia atrás en la butaca, cruza la pierna derecha, levanta el hombro derecho, y con aire de indiferencia le pasa el brazo sobre los hombros de la joven. Y uno se queda ahí sentado en esa posición terriblemente incómoda tratando de mirar la película. Diez minutos después comienzan los dolores de hombro, empezando por la parte superior, bajando luego por el brazo hasta que se cree que se va a morir antes de que termine la película.

Pero, a medida que pasa el tiempo en el proceso de salir con chicas, lo novedoso de "poner el brazo alrededor de sus hombros" comienza a gastarse, y hay que seguir adelante con otras cosas. Y sigue el proceso. . . .

Una vez que se inicia el contacto físico

Todos tenemos ese tipo de recuerdos. Me he visto obligado a contarles esto desde la perspectiva masculina, pero seguro que ustedes las mujeres tienen sus propias historias y sus propios sentimientos al respecto. Aparte del hecho de dónde fue la primera cita, de con quién fué, o de lo que se hizo en ella, hay una similitud entre todas: el progreso físico. Y ese progreso implica lo que yo denomino la *Ley de las respuestas menguantes.* Un tipo de contacto físico satisface por un tiempo, luego comienza a no satisfacer. Y entonces hay que tener un poco más, y también eso comienza a "hacerse viejo". Y luego un poco más, y antes de que uno se percate de ello, se ha ido demasiado lejos.

Salir con un novio o novia es natural. Y a causa de los sentimientos que Dios nos ha dado en cuanto a tocar y sentir solicitud, resulta natural querer tocar a la otra persona. Pero hay peligros en salir en pareja y en tocar. Y como individuos que deseamos lo mejor que Dios tiene para nuestra vida, tenemos que tener cuidado de ese deseo de progreso físico y de la *Ley de las respuestas menguantes.*

Cada vez que hablo acerca de esa progresión y de la respuesta menguante, la gente me pregunta: "Entonces, díganos dónde es demasiado lejos. ¿Hasta dónde se puede llegar? ¿Puedo tocarle los nudillos, los puños, los codos? ¿Puedo llegar hasta los hombros, hasta . . .? ¿Hasta dónde se puede llegar?"

Muchas personas quieren que se les dé una norma. Pero, dar una norma a alguien sería lo peor que podría hacer. Porque algunas personas se pondrán a programar una cita, pasarán por alto todas las etapas preliminares e irán directamente hasta el nivel más alto permitido por las normas, y luego andarían buscando la manera de romper con ellas. Así somos muchos de nosotros.

A esta altura, supongo que usted sabe que yo pienso que todos tenemos que tener normas. Y creo que muchos de ustedes pueden adivinar cuál es la mía. Si no, consulten el Nuevo Testamento. Pero, a lo que se reduce en definitiva el asunto, es a la voluntad. ¿Qué es lo que realmente queremos del amor, de la sexualidad, de la vida y del matrimonio? Eso determinará hasta dónde lleguemos, y lo que hagamos. Y una vez que nos ponemos una norma, hay que tener mucho cuidado con dos cosas: Una, recuerde que una vez que se ha hecho algo dos o tres veces, es sumamente difícil dejar de hacerlo. Y una vez que comienza a funcionar ese motor, es difícil apagarlo. Recuerde la *Ley de las respuestas menguantes*. Aquello que el mes pasado lo satisfizo, esta noche le puede resultar sumamente aburrido.

Poniendo sus propias normas

Si quiere tener éxito en las relaciones con el sexo opuesto, en cuanto a las citas, al principio de la progresión y a la *Ley de las respuestas menguantes*, tienen que involucrar a su órgano sexual más importante: su mente. Y por "éxito" no me refiero en absoluto a "puntaje". Me refiero a sentirse bien en cuanto a la experiencia de las citas: la ausencia de culpa, y la presencia de sentimientos buenos y positivos en relación a la cita, a usted mismo, a Dios y a su futuro.

Significa sentarse de antemano en un contexto no sexual y decidir lo que significa para usted el matrimonio. Significa mirar al verdadero propósito del juego sexual, que debe preparar a cada uno para el encuentro definitivo, la relación sexual. Significa planear de antemano la velada para no terminar en una situación comprometedora, en algún lugar donde sería mejor no estar. También significa comprenderse a sí mismo y al sexo opuesto. A medida que vaya aumentando su comprensión, también irán aumentando sus normas.

En el capítulo cinco hablamos acerca de algunas de las diferencias sexuales entre el hombre y la mujer. Recordemos algunas de estas conclusiones. Una de las grandes diferencias es aquello que los motiva. Como me dijo el doctor Gerhard Dirks: "Las mujeres son programadas básicamente por el tacto, los hombres por la vista". Como dice mi amigo Ken Poure, un conferencista popular entre la juventud: "Los senos son los símbolos femeninos en nuestro mundo. De manera que una muchacha bien dotada, con una camiseta ajustada que dice: 'Soy real, pellízcame', hace que sea muy difícil para un individuo mantener su compostura". Sin embargo, las mujeres no necesitan ser bien dotadas ni usar una camiseta ajustada para entusiasmar a un hombre.

Creo que la mayoría de las mujeres saben qué es provocativo y qué no lo es. Saben que su aspecto colabora para incitar a un hombre. Y por eso, sugiero que las mujeres piensen seriamente en cómo se visten cuando salen en una cita. Lo que escogen produce una variedad de señales.

Y, si un individuo está tratando de evitar que la relación se vuelva demasiado física, tiene que estar alerta a lo que hace con sus manos. No estoy abogando por una política de que se abstengan totalmente de usar las manos. Pero, hombres, recuerden, el tacto es lo que excita a una mujer, y si quiere ser un compañero de cita responsable, tiene que ejercer el cuidado en esa esfera.

Otra diferencia ocurre en el plano de las relaciones sexuales y del amor. De mis experiencias en aconsejar a hombres y mujeres, estoy convencido de que "las relaciones sexuales" dominan más la mente de los hombres, mientras que el "amor" es más importante en la mente de las mujeres.

Los varones parecen tener la habilidad de entusiasmarse rápidamente; el interés y la energía sexual de la mujer crecen más lentamente.

Esto es importante desde dos puntos de vista. Las mujeres debieran entender la naturaleza de los hombres, comprender que el hombre puede llegar a sentir un alto grado de estímulo sexual mucho antes que ellas. Lo que para la muchacha puede parecer totalmente inocente, puede excitar al varón. Y creo que los hombres tienen que entender que las mujeres se excitan con el tacto y las palabras cariñosas, y lo que puede parecer inocente al varón (frases dulces que ha leído en una novela romántica, y una caricia suave), puede estimularla más de lo que él imagina.

En resumen, permítanme decir que el impulso sexual es bueno, creado por Dios para permitir que un hombre y una mujer experimenten una relación inigualable basada en la mutua confianza, el amor y el compromiso. Pero cuando la sexualidad se maneja irresponsablemente, surgen dificultades. Es mi oración que con la comprensión de los procesos de progresión, de la *Ley de las respuestas menguantes*, y de las diferencias sexuales entre el hombre y la mujer, pueda controlar, en lugar de ser controlado por, este don de Dios. Ahora, veamos algunos detalles sobre las salidas con su novio o novia.

8

¿De qué depende que una cita sea placentera?

Trate de pensar en el pasado por unos momentos, en las ocasiones en su vida y en las experiencias de salidas con un novio o novia que recuerda como las más placenteras, las más felices, las más satisfactorias, y las más libres de preocupaciones. Le apuesto a que la mayoría de ellas han sido ocasiones en que estaban implicadas otras personas, incluso adultos mayores, en que había risas, y conversaciones amenas. Estas ocasiones no eran como sus típicas citas, pero en realidad, ése es el asunto. Para que una cita resulte placentera y tranquila, las estrategias y los "juegos" sensuales no pueden ser el asunto central. Una cita inolvidable y feliz es una en que ambas personas pueden ser ellas mismas con toda libertad.

Las continuas respuestas que recibo de hombres y mujeres en mi correspondencia y en las conversaciones personales, revelan que la mayoría de las citas no alcanzan, ni se acercan al objetivo. Las estrategias sensuales y la maestría en juegos sexuales, el amor explotador o que saca ventajas son la regla, no la excepción. Con razón tantas personas experimentan sufrimiento durante esas salidas. Se supone que las salidas en pareja deben ser ocasión de alegría, y pueden serlo si usted entiende los propósitos de ellas y establece algunas metas para sí mismo.

Los motivos correctos para las citas

Una de las primeras cosas que debe hacer un hombre o una mujer es repensar su propósito para una salida con un miembro del sexo opuesto. Por supuesto, una de las razones fundamentales por las que las personas tienen citas, es el responder a la atracción básica de una persona del sexo opuesto. Pero hay muchos jóvenes y muchachas que no están realmente preparados para el noviazgo, porque no han pensado seriamente acerca del sentido de ello, y de lo que quieren que signifique en su vida.

Tal vez dirá: "Vamos, todo el mundo sale con alguien. Es simplemente una cosa normal y natural". Es verdad, pero, fuera de la intensa presión del grupo de pares, ¿por qué hacerlo?

Uno de los primeros propósitos es la sociabilización. A medida que crecemos, tiene que madurar junto con nosotros nuestra destreza en cuanto a las relaciones interpersonales, a la conversación y a la comprensión. Las salidas en pareja son una tremenda oportunidad para aprender más acerca de uno mismo, para adquirir la habilidad de captar las necesidades y los sentimientos de otra persona, y para aprender cómo convertir esa captación en una acción que manifieste interés. Un buen noviazgo lo prepara para un matrimonio feliz, que crece y es duradero. Los hábitos inconvenientes en relación a las salidas en pareja engendran los matrimonios frágiles y poco duraderos que todos conocemos.

Por supuesto, el segundo motivo clave para las citas es la selección del cónyuge. Y hay una cosa bastante obvia: la persona con quien usted se case será una de aquellas con las que ha salido. La progresión típica va desde salidas casuales, a salidas amistosas, a salidas permanentes (noviazgo), al compromiso y al matrimonio. Rara vez ocurre de otro modo. De manera que las salidas en pareja sirven para cultivar y agudizar sus gustos, y mejorar su habilidad de reconocer el carácter y las cualidades personales que mejor se combinan con las suyas. Es una oportunidad para ver si la clase de persona con que usted *piensa* que le gustaría pasar el resto de su vida, *es* realmente la clase de persona con quien le gustaría pasar el resto de su vida.

A esta altura en su comprensión del secreto del amor, tiene que ser bien obvio que el motivo o foco de las citas no es la exploración sexual, el desarrollo de su técnica, o la conquista. Nada termina tan pronto con una creciente amistad y una buena comunicación interpersonal, como un compromiso físico prematuro. En *Eros defiled* (Eros y el pecado sexual) el autor John White señala:

> La excitación sexual premarital se hace sumamente importante con demasiada frecuencia, como lo han descubierto muchas parejas no casadas. La misma bloquea la comunicación que estaba destinada a fomentar.

¿Por qué? Porque así ha creado Dios, el "Fabricante", al hombre. Cuando Dios hizo al hombre a su propia imagen, puso en él una necesidad primaria de interacción y compañerismo divinos. Para hacerlo posible, puso en el centro mismo del hombre la capacidad espiritual, una habilidad y un impulso en el ámbito de lo espiritual, tan potente y natural como el impulso sexual del hombre en el ámbito de lo físico. Esta capacidad espiritual es exclusiva del hombre. Ninguna otra criatura de la creación tiene ese anhelo y esa capacidad.

La razón por la que a veces no reconocemos la importancia de esta capacidad espiritual es que, en nuestra arrogancia, hemos elegido ignorar a Dios y a sus principios y ponemos nuestros propios deseos y voluntad en el lugar de Dios. El resultado siempre es una profunda separación y desavenencia. La "luz espiritual" se apaga en el centro mismo de nuestro ser. Y quedamos buscando la esencia de la vida a tientas. La búsqueda y los anhelos religiosos que llenan las páginas de la historia humana testifican de la realidad de esa increíble pérdida.

Entonces, sólo queda razonar que, si un hombre y una mujer quieren experimentar lo supremo en cuanto a unidad, tendrán que incluir la comunión mutua íntima en el nivel espiritual. Esa es una de las metas del matrimonio. Y ya que el noviazgo es un proceso que prepara para el matrimonio, eso también se convierte en una meta principal durante el mismo. Sin la unidad espiritual, nunca puede haber unión sexual y satisfacción completa. La relación sexual, recordará, fue creada por Dios para ser una expresión externa de esa realidad interior entre dos personas.

La relación o el intercambio de dos personalidades

La segunda esfera de unión entre un hombre y una mujer es en el nivel emocional. Ya lo hemos mencionado. Es la fusión de dos personalidades. Es la integración de actitudes, valores, metas, gustos, desagrados, idiosincrasias, todas esas facetas que hacen a la persona divertida, simpática y única. Muchas de las cualidades del "amor *por*" que las personas ven unas en otras, pertenecen a este nivel emocional. Y también residen aquí las cualidades negativas indeseables que escondemos. Esas son las desventajas personales que sólo se superan con el "amor *y punto*".

El proceso del noviazgo, que conduce al compromiso, es el momento óptimo para que la unidad emocional, además de la unidad espiritual, comience a desarrollarse. A medida que dos personas se mueven hacia el compromiso matrimonial, tienen una oportunidad inmejorable para descubrir si el amor que se tienen es un verdadero "amor *y punto*", un amor que ve, pero decide aceptar los rasgos negativos que comienzan a descubrirse entre sí. El compromiso físico prematuro nubla este proceso de maduración.

Obviamente, la tercera área de unidad entre un hombre y una mujer es la unión física: la relación sexual. Cuando la relación sexual es la consumación de la unión espiritual y emocional que ha venido desarrollándose desde antes, es la experiencia compartida definitivamente satisfactoria, explosiva y creativa que todo el mundo busca, pero que tan pocos disfrutan. Esta es la verdadera libertad sexual. Cualquier otro camino no resulta. Como dice John White:

> Vivimos en un mundo donde todo tiene un sentido y una función. No vemos un pez fuera del océano (pobre pez, qué confinado y restringido) o un ave libre de la necesidad de volar. Las aves fueron creadas para volar y los peces para nadar. Son más libres cuando hacen aquello para lo cual fueron creados. De la misma manera, su cuerpo no fue creado para el sexo premarital, y nunca será verdaderamente libre si lo compromete en ello .

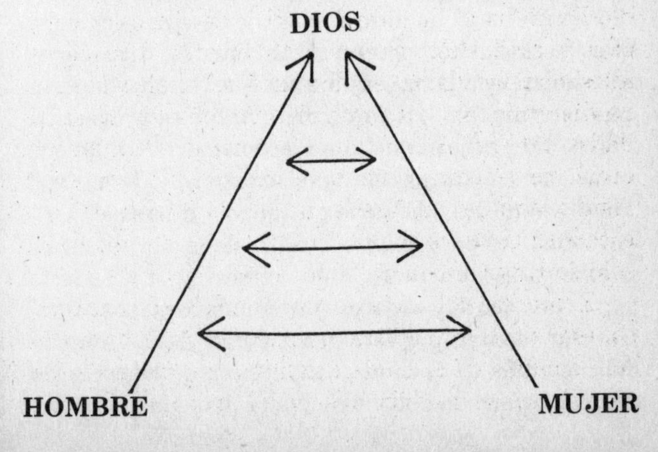

Entonces, podríamos representar el proceso del noviazgo así: "A medida que se acentúa el foco del crecimiento y desarrollo espiritual de cada persona, a medida que se aproximan en la comunicación individual con Dios, automáticamente se aproximan el uno al otro.

La experiencia de esta verdad en su vida de noviazgo producirá algunas de las relaciones más satisfactorias que jamás haya tenido. En realidad, al comienzo tendrá que tener cuidado de no confundir los sentimientos "espirituales" eufóricos que comparte con la otra persona, con el verdadero amor de matrimonio. Puede ser que lo sean. Pero también pueden ser sencillamente su primer encuentro con un hombre o con una mujer en una relación como Dios lo planeó.

Los papeles son diferentes

Ahora, antes de que analicemos algunas de las actividades específicas que pueden hacer tan placentero el proceso de las salidas o citas con personas del sexo opuesto, tenemos que estudiar el patrón básico que Dios puso en el hombre y la mujer cuando los creó. Dios destinó al hombre para ser el líder espiritual en el matrimonio y a la mujer para ser el estímulo y la compañera espiritual. La tarea del hombre es proveer un tipo de liderazgo al que la mujer pueda responder con entusiasmo. Los papeles no son competitivos, son complementarios. El debe proveer un liderazgo saturado de "amor *y punto*". Ella debe ser liberada mediante ese liderazgo, para ofrecer una respuesta feliz, consciente y creativa. Y, contrariamente al horror que sienten por esa idea algunas de las mujeres del movimiento de liberación, el plan de Dios provee para el desarrollo óptimo del valor personal, el potencial y la originalidad, tanto del hombre como de la mujer.

En la relación de noviazgo, un individuo puede comenzar a practicar y a entender el liderazgo y la iniciativa que agradan a Dios. Y una mujer puede aprender cómo responder al hombre. Obviamente, si ya han decidido reservar la relación sexual para su compañerismo de por vida en el matrimonio, a la vez de eliminarla como foco de tensión en el proceso del noviazgo, su relación de noviazgo puede ser verdaderamente libre, fascinante y agradable.

Sorprendentemente, incluso la gente "sexualmente liberada" de hoy que no podría tener menos en cuenta a la dimensión espiritual de la vida, está aprendiendo que una amistad libre de juegos sexuales tiene muchas recompensas. En un artículo de abril de 1978 de la revista *Mademoiselle*, Blair Sabol relata con franqueza una conversación con una amiga que le expresó su sorpresa porque Blair no se había acostado con un hombre en la segunda salida. Blair comentó:

> Yo me sentí pasmada. Habíamos tenido lo que yo consideraba una de las veladas más íntimas, sencillamente conversando, y yo me había sentido más satisfecha al compartir las luchas personales que al compartir la cama . . . Antes, hubiera tachado esta velada como un fracaso, porque el conversar significaba simplemente avivar una buena amistad, y se suponía que era lindo tener amistad, pero sólo entre uno y su perro. Pero entre hombre y mujer, generalmente significaba que, una vez amigos, nunca amantes . . . Yo sólo tengo interés en los hombres con quienes se puede . . . tener una buena conversación . . . Tal vez mi nueva zona erógena sea mi mente. Ahora me gusta sentir que se me estimula el cerebro.

¿Cuál es el foco principal del noviazgo?

El noviazgo es algo placentero cuando provee un

clima en que dos personas puedan hacerse amigas. Entonces, ir al cine en la primera salida no es muy favorable. Ahí se está sentado durante dos horas, uno al lado del otro en un salón oscuro, recibiendo entretenimiento desde afuera, pero no comunicándose. Es un clima poco adecuado para conocerse. Reserve las películas para más adelante.

Mejor sería visitar un museo o una exposición, dar un paseo por el zoológico, o mirar los aparadores en una buena sección de la ciudad. Estas actividades permiten conversar y dan lugar a descubrir los gustos de cada uno, y a conocer las experiencias previas de la vida. Y no hace falta transpirar para ser un conversador interesante. Los temas de conversación salen solos.

Una de las salidas más placenteras que he tenido fue la visita a un cementerio. Pasamos un tiempo agradable mirando los epitafios de las viejas tumbas. Fue un momento muy grato que nunca olvidaré. Y en caso de que no se le ocurran ideas para tener salidas creativas, permítame que le sugiera algunas. Algunas de las de la lista siguiente son muy comunes. Otras le llamarán la atención, pero siempre recuerde que sus propias ideas serán lo mejor de todo. Y las mejores ideas son aquellas que los ayuden a comunicarse y a conocerse más. Una buena actividad para una salida es aquella que les permite ver y gustar nuevas alegrías y profundizar en la personalidad el uno del otro. Estas ideas también estimularán a las parejas casadas que, espero, nunca dejarán de "salir" o tener citas el uno con el otro.

Jugar juegos de mesa, armar rompecabezas.

Participar en juegos sencillos como el ping-pong, el croquet, etc.

Ir a pasear en lancha, hacer esquí acuático, natación o cualquier otro deporte acuático.

Dar un paseo por el vecindario, una zona comercial, o algún barrio nuevo de la ciudad.

Hacer cosas cotidianas juntos, como hacer las compras o lavar el automóvil.

Buscar niños de condiciones humildes, de orfanatos, o los niños del vecino y llevarlos de picnic. Enseñarles alguna manualidad.

Preparar juntos un almuerzo en la casa de uno de los dos.

Hacer deportes tipo recreacional: golf, bowling, patinaje, etc.

Comprometerse en algún proyecto de servicio comunitario, en relación a los pobres, los lisiados, o las tareas de mantenimiento de la comunidad local.

Salir a pasear en bicicleta.

Visitar algún parque nacional. Conversar con los guardabosques.

Visitar exposiciones y otros lugares de interés, y salir a caminar.

Elegir un tema del que ninguno de los dos sabe nada y dedicar varias horas a descubrir todo lo que se puede sobre el mismo en la biblioteca pública.

Identificar las habilidades que les gustaría aprender uno del otro, y turnarse para enseñarse el uno al otro.

Visitar alguna fábrica y observar el proceso de producción de la misma.

Hacer alguna tarea artística juntos. Preparar regalos para la Navidad.

Elegir un motivo para tomar fotografías, como edificios antiguos, niños que juegan en la calle, automóviles poco usuales, ancianos, carteles con anuncios extraños, etc.

Construir y remontar un barrilete o cometa.

Visitar un centro comercial llevando una grabadora con cassettes y entrevistar a algunos niños, adultos y ancianos.

Dedicar un sábado a grabar sonidos extraños

Planear una fiesta juntos e invitar a un grupo de amigos de cada uno.

Pensar en algún objeto difícil de encontrar y ponerse en la tarea de localizarlo.

Desenterrar el álbum de fotografías de la familia y familiarizarse con los antepasados de cada uno.

Asistir a un culto y a otras actividades de la iglesia juntos.

Tomar un tren que lleva a un pueblo cercano e ir a almorzar o cenar allí.

Asistir a una función musical, a un concierto o al teatro.

Asistir a una subasta.

Esta es apenas una fracción de las actividades que se pueden realizar para lograr una salida agradable. Para encontrar otras ideas específicas del lugar donde vive, consulte los siguientes lugares:

> Pida en la oficina de Turismo o en la Cámara de Comercio una lista de los lugares que visitan los turistas.
>
> Consulte los museos, universidades y centros cívicos sobre el programa de actividades, conferencias, exposiciones, etc.
>
> Lea la sección de "espectáculos" del diario.
>
> Llame por teléfono a la dirección de asuntos públicos de la radio o la televisión para averiguar sobre algún acontecimiento especial que se lleve a cabo en su zona.
>
> Pida a sus amigos que le den sus propias sugerencias.

Como indiqué anteriormente, las mejores ideas son aquellas que usted mismo piensa. Sea creativo, deje volar su imaginación. Con toda seguridad se le ocurrirán algunas ideas muy interesantes.

Superando los problemas

Con estos propósitos e ideas en mente para las salidas, hablemos por unos momentos sobre los problemas más comunes y los aspectos difíciles. Por ejemplo, he conocido a muchachas y jóvenes que se quejan de que en sus salidas, por el esfuerzo de mantener las cosas bajo control y de ser espirituales, todo se espiritualiza. Aprecio su preocupación, y sé que el desequilibrio nunca es positivo. Si el Espíritu de Dios está vivo en su vida y Cristo Jesús es alguien importante para usted, sencillamente es natural que hablen de ello. Pero, probablemente no sea natural que este tema ocupe todo el tiempo que pasan juntos. Muchas parejas encuentran que el tomar un momento para orar juntos es una forma hermosa de comenzar o terminar una cita. Y el encarar actividades que se centren en valores, compromisos o metas espirituales que ambos sustentan, es un aspecto importante del noviazgo. Después de todo, los valores que se basan en la Palabra de Dios son el meollo de la vida.

Otro punto importante para el noviazgo, es involucrar a su familia y a su círculo de amigos en sus actividades. Si la relación se encamina hacia el matrimonio, no sólo se casará con el individuo; tendrá que vincularse con su familia. Y si se siente incómodo allí, es mejor que lo sepa y entienda las causas antes de pensar en una unión permanente. El observar cómo se relaciona una persona con los suyos revela mucho sobre la manera en que él o ella maneja las relaciones íntimas y los conflictos en dichas relaciones. Lo que aprenda entonces puede ahorrarle mucho sufrimiento más adelante.

Y hay otra sugerencia especialmente útil si no está

interesado en comenzar una relación con una muchacha o un joven en particular, o no se lo invita a salir con frecuencia, y sin embargo, lo mismo quiere tener amistades con personas del sexo opuesto. Si usted es una muchacha, reúnase con algunas de sus amigas y planee un paseo o una velada especial. Inviten a cuatro o cinco muchachos. O a la inversa, los jóvenes pueden invitar a varias muchachas. Traten de que el número sea impar para evitar la tensión de las parejas. Concéntrense sencillamente en tener juntos un momento agradable.

Un descubrimiento sorprendente

Antes de aceptar a Jesús como mi Salvador, no era indecoroso (aunque algunas mujeres me llamaban "pulpo"). Después de aceptar a Cristo, comencé a salir con una muchacha cristiana, y después de la sexta o séptima salida, decidí que necesitaba algo a cambio, de manera que comencé a presionarla un poco. Y ella dijo: "No". Pensé que bromeaba, de modo que insistí. Y ella dijo: "¡No!" Bueno, eso me molestó, porque no muchas personas me habían dicho "No" a mí. De modo que le dije: "¿Quién te crees que eres?" A lo que ella contestó: "¿Y quién crees *tú* que eres?" Y en ese mismo momento, esta muchacha cristiana liberada comenzó a enseñarme una lección.

A medida que comencé a madurar en mi relación con Cristo, comencé a comprender que, en primer lugar, mi pareja era mi hermana en Cristo. Y muchas cosas que solía hacer al salir con otras chicas, no las haría nunca con mi "hermana". En efecto, no pasó mucho tiempo antes de que esta perspectiva se ampliara hacia una actitud de siempre pensar cómo podría ayudar a madurar a la joven con la que estaba saliendo. ¿Cómo podría ayudarla a ser una persona mejor por medio del tiempo que pasábamos juntos? Y permítanme decirles, hombres y mujeres, cuando uno tiene una actitud así para una salida, el asunto es mucho más emocionante. Es más placentero de lo que jamás se hayan imaginado.

Una buena salida tiene un comienzo, un desarrollo y un fin premeditado. Y toda la ocasión es de puro gozo cuando se trata a la otra persona de la manera que a usted le gustaría que otro tratara a la persona con quien algún día usted se casará. No encontrará una manera mejor de amar a su novio o novia que ésta. Y en ese proceso se estará haciendo un enorme favor a usted mismo. Estará aprendiendo a amar con el amor de Dios, el "amor *y punto*". Se estará desarrollando en la persona "ideal", aquella a quien Dios pueda confiar su querido hijo o hija como compañero de matrimonio de por vida.

Esa promesa, ¿vale todo el compromiso? Esa recompensa, ¿vale todo el esfuerzo y la espera? Consideremos el costo.

9

¿Procurará lograrlo?

Un conocido actor, famoso por sus papeles románticos, fue entrevistado en un programa de televisión. El anfitrión le preguntó qué habilidades consideraba esenciales para ser un "gran amante". La respuesta del actor fue tan profunda como sorprendente: "Un amante es aquel que puede satisfacer a una mujer toda su vida, y que puede ser satisfecho por la misma mujer toda su vida. Un gran amante no es quien puede ir de una mujer a otra. Cualquier perro puede hacer eso".

A esta altura ya tendría que ser perfectamente claro que yo creo que el secreto del amor consiste principalmente en poseer y compartir la clase de amor "te amo *y punto*" de Dios. En segundo lugar, el secreto del amor consiste en convertirse en una persona madura a través de las salidas con su novio o novia, y de las experiencias de crecimiento de la vida, para que en el momento adecuado, en la relación adecuada, Dios pueda traerlo a la persona adecuada, aquella que pueda complementarlo en forma única. Y, finalmente, el secreto del amor es compartir íntimamente con su pareja, en la seguridad de la relación matrimonial, la expresión última de su amor multifacético: la relación sexual.

Sencillamente, ésa es la meta. Esas son las reglas del juego. A eso debemos apuntar. Entonces, ¿por qué es que algo tan simple, profundo y atrayente es tan difícil? ¿Por qué es que el camino hacia la meta está tan sembrado de los despojos de vidas y relaciones que no se lograron? ¿Por qué tantas buenas personas se desviaron del camino?

Cuatro razones por las que las personas fracasan

Hay varias razones importantes, pero quiero que consideremos cuatro de ellas.

La primera es *tonta* o *estúpida*. Algunas personas son inconscientes, necias y estúpidas acerca del amor y de la sexualidad. Ciegamente se meten en una situación sin pensar en las consecuencias. Y antes de que se despierten a lo que está sucediendo, caen en la trampa.

Recientemente, vi un artículo científico sobre el tema de los terremotos. Tenía un título interesante: "Si usted construye su casa sobre una grieta de la tierra, es culpa suya".

Aquí hay un principio importante. Laurence J. Peter, autor del famoso *Peter Principle* (El principio de Peter), lo dice de la siguiente manera: "Si usted hace cosas estúpidas, cosechará resultados malísimos".

Enseñamos a los niños a que si juegan con fuego se quemarán . . . que si cruzan por delante de un automóvil en marcha, perecerán. Hace falta la misma advertencia en la esfera del amor y de la sexualidad. Si no pensamos, si basamos nuestra vida en principios falsos, si violamos la función y los propósitos de Dios en relación a las relaciones sexuales, recogemos los resultados. Generalmente, éstos consisten en mucho sufrimiento, dolor y una relación aguada, si es que no totalmente arruinada. La estupidez no es una excusa. Dios nos ha dado a cada uno una mente y la capacidad para usarla. El meternos sin cuidado y sin pensar en la poderosa arena de la sexualidad —permitiendo que nuestras glándulas nos manejen—, es peligroso. Es *estúpido*. Adentrarse inconscientemente en un pantano es la mejor forma de encontrarse rodeado de cocodrilos hasta el cuello.

La segunda razón es *la deliberación*. Hay muchas personas que se precian de ser inteligentes. "No soy estúpido", dicen ellos. Estas personas conocen lo que Dios ha establecido, pero deliberadamente deciden seguir sus propios deseos. Son demasiado inteligentes para caer en la trampa de las consecuencias, o al menos así lo creen. Claro, conocen las promesas de la Biblia, tanto las positivas como las negativas. Pero el señor Deliberado ha decidido que él es un caso especial. Lo que pueda ocurrir, sólo le ocurre a otras personas. "A mí no me va a pasar. Soy especial, no me va a pasar nada. No me voy a contagiar de ninguna enfermedad. No voy a arruinar mi futuro. No la voy a dejar embarazada. Me puedo controlar. Soy más listo de lo normal. Puedo jugar con fuego sin quemarme".

Hay un solo problema con esta posición: nunca da resultado. Por más intenso que sea el espejismo, no puede alterar los principios y las prioridades que Dios ha puesto en usted y en mí. Las consecuencias de estos principios son tan reales como el impulso sexual que se busca satisfacer al violarlos. Tal vez usted piense que se está saliendo con la suya —por el momento. Pero el evitar deliberadamente el camino de Dios, definitivamente conduce al desastre. ¡Siempre!

Hay una tercera razón: *la confusión y la falta de discernimiento*. Como vimos en el capítulo 2, estamos constantemente bombardeados con información excesiva en lo sexual. Algunos estímulos son más fuertes que otros. Pero, aparte de lo descarado o sutil del mensaje, el asunto es siempre el mismo: "Usted es una persona que tiene derecho a la satisfacción sexual . . . Haga lo que le parezca bien. Está mal que otro, incluso Dios, le diga que no lo haga".

El escritor Tom Wolfe llama a esta atmósfera, "La década del yo". Todo se centra en *mí*. Lo que yo necesito y lo que yo quiero. Otros la han llamado "La era del narcisismo", un término tomado de la leyenda griega en que un joven se embelesó tanto de su propia imagen reflejada en el agua, que se olvidó de comer y beber, muriendo finalmente. Y eso es lo que creo que muchos de nosotros hacemos hoy en día. Estamos tan embelesados con nosotros mismos que nos estamos muriendo en vez de vivir. Esta "era del narcisismo" promueve los mensajes "yo". Ya sean los libros para la superación personal o los mensajes menos directos emitidos por las películas y las propagandas comerciales de la televisión, estamos continuamente bombardeados por imágenes sexuales y la idea "Si le parece bien, hágalo; usted no tiene que darle cuenta a nadie más".

Y como no podemos escapar totalmente a nuestra cultura, es importante que desarrollemos el discernimiento. Una manera es contrarrestar los mensajes negativos que recibimos, con los positivos que encontramos en la Palabra de Dios.

Tengo un amigo que escribe críticas cinematográficas para revistas. En los últimos seis meses ha tomado conciencia de la sutil influencia sobre su mente y sus valores, de los mensajes mundanos sustentados en las películas. No pasa todo el tiempo analizando las películas no autorizadas para menores, pero tiene conciencia de que el punto de vista del mundo sobre las relaciones sexuales es sumamente permisivo. Y mi amigo ha comprendido que si va a continuar mirando y analizando alrededor de setenta películas por año, tendrá que dedicar un tiempo proporcionalmente igual a la Biblia y al compañerismo cristiano. El equilibrio es fundamental. Tenemos que llenar nuestra mente con el bien para poder sobrevivir sexualmente en la "década del yo".

La cuarta razón por la que la gente se desvía, es *el deseo y la falta de disciplina.* Probablemente, la razón más frecuente para desviarse del camino de Dios es que los beneficios de esperar parecen demasiado distantes y los placeres de ceder son inmediatos. Seamos sinceros, se puede disfrutar de las relaciones sexuales fuera del matrimonio: El apasionado juego previo, el clímax explosivo, los sentimientos de conquista o de manipulación del amante. He conocido algunas parejas que sinceramente creen que se quieren el uno al otro con "Amor *y punto*", y que se comprometen el uno al otro fuera del matrimonio. Pero estoy convencido, por miles de entrevistas con estos jóvenes y por lo que he leído de la Biblia, que los resultados a largo plazo son negativos. Ya sea la culpa, el remordimiento, o la tristeza que acompañan la ruptura con ese compañero, los resultados a largo plazo fuera del matrimonio no son nada en comparación con los beneficios que se pueden disfrutar en el contexto del amor matrimonial.

El problema es que el esperar requiere autodisciplina. Y a muchos de nosotros nos falta práctica en el arte de la disciplina. Tal vez nos hemos disciplinado durante meses cuando tomábamos lecciones de piano o jugábamos al fútbol. Pero al ir creciendo hemos caído en la trampa de la insistencia en la gratificación inmediata.

¿Cuál es el secreto de la disciplina? No hay respuestas *fáciles*, pero les voy a proporcionar una serie de respuestas *sencillas*. Una es concentrarse en las metas que desea para su matrimonio. Visualícelas, hable sobre ellas, escríbalas y revíselas con frecuencia.

Encontrará que sus acciones se van adaptando a lo que habla, escribe o imagina. Lo opuesto también es verdad. Si escribe, habla e imagina "hacerlo" con cualquiera de las jóvenes que esté saliendo, encontrará que su cuerpo se dirige sin trabas en esa dirección. Los sociólogos le llaman a esto "teleología", el principio de que las metas producen acciones.

Una segunda sugerencia es poner la mente el mayor tiempo posible en Cristo y en sus palabras. Cuanto más cercanos a Cristo andemos, más autodisciplinados nos volveremos. Cuanto más íntima sea su relación con él, más buscará agradarle y será menor el tiempo y la energía que dedique a sus propios impulsos. Santiago habla sobre esto en la Biblia: "Someteos pues a Dios; resistid al diablo, y huirá de vosotros. Acercaos a Dios, y él se acercará a vosotros". He descubierto que cuanto más cercanos andamos a Dios, él nos da más autodisciplina y guía. Es casi como una cuestión de causa y efecto.

La relación sexual en el matrimonio total

Al decir "matrimonio total", queremos decir matrimonio en el sentido más amplio de la palabra.

El deseo y la intensidad sexual se modificarán algo con la edad. Pero la necesidad de autodisciplina en las muchas esferas de la vida, continuará. Anteriormente, me referí al hecho de que la relación sexual es sólo una doceava parte de la relación matrimonial. Quiero profundizar un poco más sobre esto. En julio de 1978 la revista *Ebony* entrevistó a varias parejas sobre el tema "Las relaciones sexuales en el matrimonio". He aquí lo que algunos de ellos dijeron:

El doctor Richard Tyson y su esposa, codirectores del *Instituto para el enriquecimiento matrimonial y estudios sexuales*, de Columbia, Maryland, dijeron:

> Las relaciones sexuales no se pueden separar de los otros elementos en la relación total. La relación sexual es importante a lo largo de todo el matrimonio, aunque parece que la cantidad es más importante en los primeros años. Pero, a medida que pasa el tiempo y la relación comienza a madurar, la calidad de la relación sexual parece ser más importante para la pareja. Una pareja puede tener relaciones sexuales diez veces en la semana y ser molesto para la mujer y fantástico para el hombre. Ella probablemente prefiera tener una sola relación sexual buena en toda la semana.

Roebuck Staples ha estado casado con su esposa, Oceola, por cuarenta y tres años, y dijo:

> La relación sexual juega un papel grande y bueno en un matrimonio feliz, pero ningún matrimonio puede andar bien prescindiendo de ella, ni con ella sola. Hace falta algo más que eso. Lo primero que hace falta es comprensión. También respeto. Debe existir amor y debe preocuparse el uno por el otro. Pero no sé cómo se puede lograr eso si hay incompatibilidad sexual. Un hombre y una mujer tienen que atraerse mutuamente. Hace falta tener buenas relaciones sexuales en el matrimonio. Mucha gente joven piensa que la relación sexual es todo en el matrimonio. Pero después, con la experiencia, se dan cuenta de que hay muchas otras cosas igualmente importantes.

Otra observación excelente fue la de Shirley Robinson, una recepcionista de la Iglesia Luterana del Sínodo de Misuri en San Luis. Ella dijo:

> El matrimonio tiene que estar basado en la amistad y el amor, y si Dios está primero en la vida, todas las demás cosas caerán en su lugar. Si somos compatibles en muchas maneras, tendremos una vida sexual muy buena. No hay problemas de comunicación como ocurre en muchos casos. Podemos hablar libremente acerca de las relaciones sexuales o de cualquier otra cosa, y eso es importante. Un buen matrimonio no se basa solamente en el amor o la belleza

física. ¿Qué pasaría si uno de los dos se vuelve físicamente incapacitado o desfigurado? Un buen matrimonio puede soportar esas tormentas y todavía encontrar la luz del sol.

Estas ideas resumen mi punto de vista: la cantidad de actividad sexual tal vez disminuya con los años, pero la necesidad de calidad continuará. Y, para tener relaciones sexuales buenas, hay que tener amor, paciencia y autodisciplina —el deseo de dar más que de recibir. Los deseos pueden disminuir, pero la necesidad de autodisciplina no. Y los modelos de autodisciplina que le proporcionarán relaciones sexuales dinámicas, satisfactorias y con significado, son los modelos que está forjando ahora mismo en sus salidas con su novio o novia. Al considerar estas razones de por qué no logramos lo que Dios ha planeado para nosotros en el amor y en las relaciones sexuales, vemos muchas cosas negativas: *la tontería o estupidez, la deliberación, y el ponerse por encima del plan de Dios; la confusión y la falta de discernimiento; los deseos abrumadores y la falta de disciplina*. Pero permítame asegurarle que estas cosas negativas pueden volverse positivas.

Cuando el conocido teólogo Karl Barth estaba hablando en Norteamérica, un grupo de teólogos le preguntó cuál era el descubrimiento teológico más significativo de su vida. Como esperaban escuchar una respuesta complicada, se sorprendieron cuando dijo: "La verdad más importante que he aprendido es: 'Que Cristo me ama, bien lo sé, pues la Biblia lo dice así' ".

Si hay una afirmación que quisiera que retenga es la siguiente: Dios lo ama. Jesús vino al mundo para demostrarlo y para quitar el pecado, para que podamos experimentar el más alto plan de Dios para nosotros: una vida abundante y definitivamente satisfactoria. Dios quiere que conozcamos diariamente y personalmente su amor, que lo disfrutemos y que lo compartamos con otros. Y quiere que maduremos de la manera que originalmente planeó. Nos ha comunicado sus principios de conducta para protegernos y para proveer para nuestro bienestar.

Ha llegado hasta el punto de ocuparse de nuestros fracasos cuando los confesamos y aceptamos su perdón. A través de una relación personal con Cristo somos transformados. Se renueva nuestra mente. Cambiamos. Ya no tenemos que ser estúpidos, egoístas, confundidos o indisciplinados. Se nos ha hecho libres para amar, servir y vivir una vida inigualable, ya sea en el dormitorio o en cualquier otra habitación de la vida.

Ese es el secreto del amor. No hay otro.

No se lo pierda. Lo reto a que

. . . se atreva a lograrlo.

Printed in U.S.A. — Impreso en EE. UU. de A.